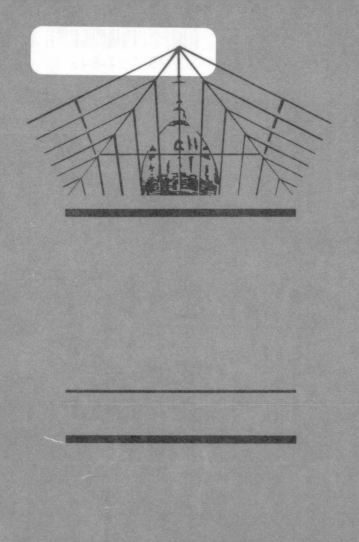

ENVIRONMENT & ART

IN CATHOLIC WORSHIP

English/Spanish

National Conference of Catholic Bishops
Bishops' Committee on the Liturgy

LTP

Additional copies may be ordered from:
Liturgy Training Publications
1800 North Hermitage Avenue
Chicago IL 60622–1101
312/486–7008

ISBN 0 – 930467–58–2

Design by Michael Tapia

Cover illustration by Elizandro Carrington

Contents

FOREWORD

The following statement on art and environment in Catholic worship has been designated as a companion to the 1972 statement of the Bishops' Committee on the Liturgy entitled "Music in Catholic Worship." It is the result of a cooperative effort on the part of the Federation of Diocesan Liturgical Commissions and the Bishops' Committee to provide principles for those involved in preparing liturgical space for the worship of the Christian assembly.

The publication of the General Instruction of the Roman Missal and subsequent liturgical rites and documents, along with the pastoral experience of implementing post-Vatican II reforms, places us in a position to reexamine existing places of worship and to make informed decisions about their appropriateness. Furthermore, an awareness of liturgical needs and objectives, now clearer than a decade ago, provides guiding principles for the preparation of new places of worship.

This statement of the Bishops' Committee on the Liturgy will be of use not only to bishops and their diocesan liturgical commissions, architects and their liturgical consultants, but to all involved in the Church's worship. Everyone called to worship must be concerned about the vital role art and environment play in that central action of the community of faith, the household of the Lord.

Archbishop John Quinn
CHAIRMAN
Bishops' Committee on the Liturgy

November 2, 1977

Introduction

1. Faith involves a good tension between human modes of expressive communications and God himself, whom our human tools can never adequately grasp. God transcends. God is mystery. God cannot be contained in or confined by any of our words or images or categories.

2. While our words and art forms cannot contain or confine God, they can, like the world itself, be icons, avenues of approach, numinous presences, ways of touching without totally grasping or seizing. Flood, fire, the rock, the sea, the mountain, the cloud, the political situations and institutions of succeeding periods—in all of them Israel touched the face of God, found help for discerning a way, moved toward the reign of justice and peace. Biblical faith assures us that God covenants a people through human events and calls the covenanted people to shape human events.

3. And then in Jesus, the Word of God is flesh: "This is what we proclaim to you: what was from the beginning, what we have heard, what we have seen with our eyes, what we have looked upon and our hands have touched—we speak of the word of life."[1]

4. Christians have not hesitated to use every human art in their celebration of the saving work of God in Jesus Christ, although in every historical period they have been influenced, at times inhibited, by cultural circumstances. In the resurrection of the Lord, all things are made new. Wholeness and healthiness are restored, because the reign of sin and death is conquered. Human limits are still real and we must be conscious of them. But we must also praise God and give God thanks with the human means we have available. God does not need liturgy; people do, and people have only their own arts and styles of expression with which to celebrate.

5. Like the covenant itself, the liturgical celebrations of the faith community (Church) involve the whole person. They are not purely religious or merely rational and intellectual exercises, but also human experiences calling on all human faculties: body, mind, senses, imagination, emotions, memory. Attention to these is one of the urgent needs of contemporary liturgical renewal.

6. Historically, music has enjoyed a preeminence among the arts of public worship, and there is no clear evidence to justify denying it the same place today. The Bishops' Committee on the Liturgy, therefore, published guidelines (*Music in Catholic Worship,* 1972) encouraging attention to music, both instrumental and choral/vocal. This companion booklet, *Environment and Art in Catholic Worship,* offers guidelines to encourage the other arts necessary for a full experience in public worship. The two booklets, therefore, should be used together, complementing one another, by those responsible for planning and conducting liturgical celebrations. For that reason, music is excluded from the specific concerns of the following pages.

7. If we maintain that no human words or art forms can contain or exhaust the mystery of God's love, but that all words and art forms can be used to praise God in the liturgical assembly, then we look for criteria to judge music, architecture, and the other arts in relation to public worship.[2]

8. The reason for offering principles to guide rather than blueprints to follow was stated clearly by the Council fathers: "The Church has not adopted any particular style of art as her very own; it has admitted styles from every period according to the natural talents and circumstances of peoples, and the needs of the various rites. Thus, in the course of the centuries, she has brought into being a treasury of art which must be carefully preserved. The art of our own days, coming from every race and region, shall also be given free scope in the Church, provided that it adorns the sacred buildings and holy rites with due reverence and honor; thereby it is enabled to contribute its own voice to that wonderful chorus of praise. . . ."[3]

The worship of God and its requirements

LITURGY AND TRADITION

9. Liturgy has a special and unique place in the life of Christians in the local churches, their communities of faith. Each Church gathers regularly to praise and thank God, to remember and make present God's great deeds, to offer common prayer, to realize and celebrate the kingdom of peace and justice. That action of the Christian assembly is liturgy.

10. Common traditions carried on, developed and realized in each community make liturgy an experience of the Church which is both local and universal. The roots as well as the structure of its liturgical celebrations are biblical and ecclesial, asserting a communion with believers of all times and places. This tradition furnishes the symbol language of that action, along with structures and patterns refined through the centuries of experience, and gives the old meanings new life in our time, our place, with our new knowledge, talents, competencies, arts. Therefore, this celebration is that of a community at a given place and time, celebrated with the best of its resources, talents and arts in the light of our own tradition.[4]

A CLIMATE OF HOSPITALITY

11. As common prayer and ecclesial experience, liturgy flourishes in a climate of hospitality: a situation in which people are comfortable with one another, either knowing or being introduced to one another; a space in which people are seated together, with mobility, in view of one another as well as the focal points of the rite, involved as participants and *not* as spectators.[5]

THE EXPERIENCE OF MYSTERY

12. The experience of mystery which liturgy offers is found in its God-consciousness and God-centeredness. This involves a certain beneficial tension with the demands of hospitality, requiring a manner and an environment which invite contemplation (seeing beyond the face of the person or the thing, a sense of the holy, the numinous, mystery). A simple and attractive beauty in everything that is used or done in liturgy is the most effective invitation to this kind of experience. One should be able to sense something special (and nothing trivial) in everything that is seen and heard, touched and smelled, and tasted in liturgy.

13. Incarnation, the paschal mystery and the Holy Spirit in us are faith's access to the transcendence, holiness, otherness of God. An action like liturgy, therefore, has special significance as a means of relating to God, or responding to God's relating to us. This does not mean that we have "captured" God in our symbols. It means only that God has graciously loved us on our own terms, in ways corresponding to our condition. Our response must be one of depth and totality, of authenticity, genuineness, and care with respect to everything we use and do in liturgical celebration.

THE OPENING UP OF SYMBOLS

14. Every word, gesture, movement, object, appointment must be real in the sense that it is our own. It must come from the deepest understanding of ourselves (not careless, phony, counterfeit, pretentious, exaggerated, etc.). Liturgy has suffered historically from a kind of minimalism and an overriding concern for efficiency, partly because sacramental causality and efficacy have been emphasized at the expense of sacramental signification. As our symbols tended in practice to shrivel up and petrify, they became much more manageable and efficient. They still "caused," were still "efficacious" even though they had often ceased to signify in the richest, fullest sense.

15. Renewal requires the opening up of our symbols, especially the fundamental ones of bread and wine, water, oil, the laying on of hands, until we can experience all of them as authentic and appreciate their symbolic value.

THE PERSONAL-COMMUNAL EXPERIENCE

16. A culture which is oriented to efficiency and production has made us insensitive to the symbolic function of persons and things. Also, the same cultural emphasis on individuality and competition has made it more difficult for us to appreciate the liturgy as a *personal-communal* experience. As a consequence, we tend to identify anything private and individual as "personal." But, by inference, anything communal and social is considered impersonal. For the sake of good liturgy, this misconception must be changed.

17. To identify liturgy as an important *personal-communal* religious experience is to see the virtue of simplicity and commonness in liturgical texts, gestures, music, etc. This is easier said than done. But it does require a persevering effort to respect the Church's mind in terms of its common feelings and simplicity, for example, by not drowning the action in a flood of words or by not making the action more

complex than necessary in order to signify the gospel essentials.

THE SACRED

18. An important part of contemporary Church renewal is the awareness of the community's recognition of the sacred. Environment and art are to foster this awareness. Because different cultural and subcultural groups in our society may have quite different styles of artistic expression, one cannot demand any universal sacred forms.[6]

QUALITY AND APPROPRIATENESS

19. This is not to say that liturgy makes no demand upon architecture, music and the other arts. To be true to itself and to protect its own integrity, liturgy must make demands. Basically, its demands are two: *quality* and *appropriateness*. Whatever the style or type, no art has a right to a place in liturgical celebration if it is not of high quality and if it is not appropriate.[7]

20. *Quality* is perceived only by contemplation, by standing back from things and really trying to *see* them, trying to let them speak to the beholder. Cultural habit has conditioned the contemporary person to look at things in a more pragmatic way:

"What is it worth?" "What will it do?" Contemplation sees the hand stamp of the artist, the honesty and care that went into an object's making, the pleasing form and color and texture. Quality means love and care in the making of something, honesty and genuineness with any materials used, and the artist's special gift in producing a harmonious whole, a well-crafted work. This applies to music, architecture, sculpture, painting, pottery making, furniture making, as well as to dance, mime or drama—in other words, to any art form that might be employed in the liturgical environment or action.

21. *Appropriateness* is another demand that liturgy rightfully makes upon any art that would serve its action. The work of art must be appropriate in two ways: 1) it must be capable of bearing the weight of mystery, awe, reverence, and wonder which the liturgical action expresses; 2) it must clearly *serve* (and not interrupt) ritual action which has its own structure, rhythm and movement.

22. The first point rules out anything trivial and self-centered, anything fake, cheap or shoddy, anything pretentious or superficial. That kind of appropriateness, obviously, is related to quality. But it demands more than quality. It demands a kind of transparency, so that we see and experience both the work of art and something beyond it.

23. The second point (to serve) refers both to the physical environment of public worship and to any art forms which might be employed as part of the liturgical action (e.g., ritual movement, gestures, audio-visuals, etc.).

THE SERVING ENVIRONMENT

24. By environment we mean the larger space in which the action of the assembly takes place. At its broadest, it is the setting of the building in its neighborhood, including outdoor spaces. More specifically it means the character of a particular space and how it affects the action of the assembly. There are elements in the environment, therefore, which contribute to the overall experience, e.g., the seating arrangement, the placement of liturgical centers of action, temporary decoration, light, acoustics, spaciousness, etc. The environment is appropriate when it is beautiful, when it is hospitable, when it clearly invites and needs an assembly of people to complete it. Furthermore, it is appropriate when it brings people close together so that they can see and hear the entire liturgical action, when it helps people feel involved and become involved. Such an environment works with the liturgy, not against it.

THE SERVICE OF THE ARTS

25. If an art form is used in liturgy it must aid and serve the action of liturgy since liturgy has its own structure, rhythm and pace: a gathering, a building up, a climax, and a descent to dismissal. It alternates between persons and groups of persons, between sound and silence, speech and song, movement and stillness, proclamation and reflection, word and action. The art form must never seem to interrupt, replace, or bring the course of liturgy to a halt. If one uses film, for example, in such a way that one seems to be saying, "We will stop the liturgy for a few moments now in order to experience this art form," then that use is inappropriate. If, however, an art form is used to enhance, support and illumine a part or parts of the liturgical action or the whole action, it can be both appropriate and rewarding.

26. A major and continuing educational effort is required among believers in order to restore respect for competence and expertise in all the arts and a desire for their best use in public worship. This means winning back to the service of the Church professional people whose places have long since been taken by "commercial" producers, or volunteers who do not have the appropriate qualifications. Both sensitivity to the arts and willingness to budget resources for these are the conditions of progress so that quality and appropriateness can be real.

2

The subject of the liturgical action: the Church

27. To speak of environmental and artistic requirements in Catholic worship, we have to begin with ourselves — we who are the Church, the baptized, the initiated.

THE ASSEMBLY OF BELIEVERS

28. Among the symbols with which liturgy deals, none is more important than this assembly of believers. It is common to use the same name to speak of the building in which those persons worship, but that use is misleading. In the words of ancient Christians, the building used for worship is called *domus ecclesiae,* the house of the Church.

THE ACTION OF THE ASSEMBLY

29. The most powerful experience of the sacred is found in the celebration and the persons celebrating, that is, it is found in the action of the assembly: the living words, the living gestures, the living sacrifice, the living meal. This was at the heart of the earliest liturgies. Evidence of this is found in their architectural floor plans which were designed as general gathering spaces, spaces which allowed the whole assembly to be part of the action.

30. Because liturgical celebration is the worship action of the entire Church, it is desirable that persons representing the diversity of ages, sexes, ethnic and cultural groups in the congregation should be involved in planning and ministering in the liturgies of the community. Special competencies in music, public reading, and any other skills and arts related to public worship should be sought, respected and used in celebration. Not only the planners and ministers, however, are active in the liturgy. The entire congregation is an active component. There is no audience, no passive element in the liturgical celebration. This fact alone distinguishes it from most other public assemblies.

31. The assembly's celebration, that is, celebration in the midst of the faith community, by the whole community, is the normal and normative way of celebrating any sacrament or other liturgy. Even when the communal dimension is not apparent, as sometimes in communion for the sick or for prisoners, the clergy or minister function within the context of the entire community.

32. The action of the assembly is also unique since it is not merely a "celebration of life," reflecting all of

the distinctions stemming from color, sex, class, etc. Quite the contrary, liturgy requires the faith community to set aside all those distinctions and divisions and classifications. By doing this the liturgy celebrates the reign of God, and as such maintains the tension between what is (the status quo of our daily lives) and what must be (God's will for human salvation—liberation and solidarity). This uniqueness gives liturgy its key and central place in Christian life as seen from the perspective of an actual community. Just as liturgy makes its own demands on the environment and the arts, so too, does the assembly. When the assembly gathers with its own varied background, there is a commonness demanded which stems from our human condition. The commonality here seeks the best which people can bring together rather than what is compromised or less noble. For the assembly seeks its own expression in an atmosphere which is beautiful, amidst actions which probe the entire human experience. This is what is most basic and most noble. It is what the assembly seeks in order to express the heart of the Church's liturgy.

CONTEMPORARY

33. Contemporary art forms belong to the liturgical expressions of the assembly as surely as the art forms of the past. The latter are part of our common memory, our communion (which extends over time as well as over geographical boundaries). Contemporary art is our own, the work of artists of our time and place, and belongs in our celebrations as surely as we do. If liturgy were to incorporate only the acceptable art of the past, conversion, commitment and tradition would have ceased to live. The assembly should, therefore, be equally unhesitating in searching out, patronizing and using the arts and media of past and present. Because it is symbolic communication, liturgy is more dependent on past tradition than many human activities are. Because it is the action of a contemporary assembly, it has to clothe its basically traditional structures with the living flesh and blood of our times and our arts.

BEAUTIFUL

34. Because the assembly gathers in the presence of God to celebrate his saving deeds, liturgy's climate is one of awe, mystery, wonder, reverence, thanksgiving and praise. So it cannot be satisfied with anything less than the *beautiful* in its environment and all its artifacts, movements, and appeals to the senses.[8] Admittedly difficult to define, the beautiful is related to the sense of the numinous, the holy. Where there is evidently no care for this, there is an environment basically unfriendly to mystery and awe, an environment too casual, if not careless, for

the liturgical action. In a world dominated by science and technology, liturgy's quest for the beautiful is a particularly necessary contribution to full and balanced human life.

THE HUMAN EXPERIENCE

35. To gather intentionally in God's presence is to gather our total selves, our complete persons—a "living sacrifice." Other human activities tend to be more incomplete, specialized, and to claim one or the other facet of ourselves, lives, talents, roles. Liturgy is total, and therefore must be much more than a merely rational or intellectual exercise. Valid tradition reflects this attention to the whole person. In view of our culture's emphasis on reason, it is critically important for the Church to reemphasize a more total approach to the human person by opening up and developing the non-rational elements of liturgical celebration: the concerns for feelings of conversion, support, joy, repentance, trust, love, memory, movement, gesture, wonder.

SINFUL

36. The Church is a church of sinners, and the fact that God forgives, accepts and loves sinners places the liturgical assembly under a fundamental obliga-tion to be honest and unpretentious, without deceit or affectation, in all it does. If all distinctions have been stripped away, then basic honesty has to be carried through in all the words, gestures and movements, art forms, objects, furnishings of public worship. Nothing which pretends to be other than it is has a place in celebration, whether it is a person, cup, table or sculpture.

SERVANT

37. Different ministries in such an assembly do not imply "superiority" or "inferiority." Different functions are necessary in the liturgy as they are in any human, social activity. The recognition of different gifts and talents and the ordination, institution or delegation for the different services required (priest, reader, acolyte, musician, usher, etc.) are to facilitate worship. These are services to the assembly and those who perform them are servants of God who render services to the assembly. Those who perform such ministries are indeed servants of the assembly.

38. The liturgical assembly, as presented, is Church, and as Church is servant to the world. It has a commitment to be sign, witness, and instrument of the reign of God. That commitment must be reflected and implemented not only in the individual lives

of its members but also in the community's choices and in its use of its money, property and other resources. Liturgical buildings and spaces should have the same witness value. Their planning should involve representatives of oppressed and disadvantaged parts of the communities in which they are located.

3

A *house for the Church's liturgical celebrations*

39. The congregation, its liturgical action, the furniture and the other objects it needs for its liturgical action—these indicate the necessity of a space, a place, a hall, or a building for the liturgy. It will be a place for praying and singing, for listening and speaking—a place for human interaction and active participation—where the mysteries of God are recalled and celebrated in human history.
The servant nature of the Church in relation to the rest of the community in its area (and in the world) invites it to consider the broader needs of the community, especially in the community's deprived, handicapped and suffering members, and therefore to consider a breadth of possible uses of its buildings.

PRIMARY DEMAND: THE ASSEMBLY

40. In no case, however, should this mean a lack of attention to the requirements of liturgical celebration or a yielding of the primary demands that liturgy must make upon the space: the gathering of the faith community in a participatory and hospitable atmosphere for word and eucharist, for initiation and reconciliation, for prayer and praise and song.

41. Such a space acquires a sacredness from the sacred action of the faith community which uses it. As a place, then, it becomes quite naturally a reference and orientation point for believers. The historical problem of the church as a *place* attaining a dominance over the faith community need not be repeated as long as Christians respect the primacy of the living assembly.

42. The norm for designing liturgical space is the assembly and its liturgies. The building or cover enclosing the architectural space is a shelter or "skin" for a liturgical action. It does not have to "look like" anything else, past or present. Its integrity, simplicity and beauty, its physical location and landscaping should take into account the neighborhood, city and area in which it is built.

43. Many local Churches must use spaces designed and built in a former period, spaces which may now be unsuitable for the liturgy. In the renovation of these spaces for contemporary liturgical use, there is no substitute for an ecclesiology that is both ancient and modern in the fullest sense. Nor is there any sub-

stitute for a thorough understanding of ritual needs in human life and the varied liturgical tradition of the Church. With these competencies, a renovation can respect both the best qualities of the original structure and the requirements of contemporary worship.

TEAMWORK

44. Whether designing a new space for the liturgical action or renovating an old one, teamwork and preparation by the congregation (particularly its liturgy committee), clergy, architect and consultant (liturgy and art) are essential.[9] A competent architect should have the assistance of a consultant in liturgy and art both in the discussion stages of the project (dialogue with congregation and clergy as well as among themselves) and throughout the stages of design and building. Recent competitions in the design of buildings for liturgy have indicated the advantages of such consultation.

45. The congregation, or local Church, commonly acting through its delegates, is a basic and primary component in the team. The congregation's work is to acquaint the architect and consultant with its own self-image as Church and its sense of the larger community in which it exists. It is important for the congregation and clergy to recognize the area of their own competence. This will also define the limits beyond which they should not go. Respect for the competence of others in their respective fields is essential for good teamwork.

46. If a community has selected competent and skilled persons, they will receive from the architect and the consultant a design which will stimulate and inspire, as well as serve the assembly's needs as they have been described. When financial benefactors are involved, they have the same part in this process as the congregation and the clergy, subject to the same prior requirements of good liturgy.

47. A good architect will possess both the willingness to learn from the congregation and sufficient integrity not to allow the community's design taste or preference to limit the freedom necesary for a creative design. The architect will look to the congregation and clergy for an understanding of the character and purpose of the liturgical assembly. With that rapport, it is the architect's task to design the space, using contemporary materials and modes of construction, in dialogue with consultants who are expert in the areas of liturgical art, rites, acoustics and other specialized issues.

48. The liturgical-artistic consultant is an invaluable partner of the architect, for the purposes of space

can be imagined and the place creatively designed only by a competent designer (architect) who is nourished with liturgy's tradition, its current shape, together with the appropriate furniture and other objects used. The feeling of liturgical action is as crucial as the craft of the designer in producing a worthy space and place.

VISIBILITY AND AUDIBILITY

49. One of the primary requirements of the space is visibility of all in the assembly: others in the congregation as well as the principal focal point of the ritual action.

50. Visibility speaks more to the quality of view than merely the mechanics of seeing. A space must create a sense that what is seen is proximate, important and personal. The arrangement of the space should consider levels of priority in what is seen, allowing visual flow from one center of liturgical action to another. Furthermore, the sense and variety of light, artificial or natural, contribute greatly to what is seen.

51. Audibility of all (congregation and ministers) is another primary requirement. A space that does not require voice amplification is ideal. Where an amplifying system is necessary, provision for multiple microphone jacks should be made (e.g., at the altar, ambo, chair, font, space immediately in front of the congregation, and a few spots through the congregation). Since the liturgical space must accommodate both speech and song, there must be a serious acoustical consideration of the conflicting demands of the two. The services of an acoustical engineer can enable architect and builder to be aware of certain disadvantages in rooms that are exclusively "dry" or "live." A room designed to deaden all sounds is doomed to kill liturgical participation.

THE SCALE OF A SPACE

52. The liturgical space should have a "good feeling" in terms of human scale, hospitality and graciousness. It does not seek to impress, or even less, to dominate, but its clear aim is to facilitate the public worship and common prayer of the faith community.

UNITY OF SPACE

53. Special attention must be given to the unity of the entire liturgical space. Before considering the distinction of roles within the liturgy, the space should communicate an integrity (a sense of oneness, of wholeness) and a sense of being the gathering place of the initiated community. Within that one space there are different areas corresponding to different roles and functions, but the wholeness of the total space should be strikingly evident.

54. Planning for a convergence of pathways to the liturgical space in a concourse or foyer or other place adequate for gathering before or after liturgies is recommended. In some climates this might be outdoors. Such a gathering-space can encourage introductions, conversations, the sharing of refreshments after a liturgy, the building of the kind of community sense and feeling recognized now to be a prerequisite of good celebration.

4

The arts and the body language of liturgy

55. Liturgical celebration, because of its public and corporate nature, and because it is an expression of the total person within a community, involves not only the use of a common language and ritual tradition, but also the use of a common place, common furnishings, common art forms and symbols, common gestures, movements and postures. But when one examines the quality of these common elements, one finds that an uncommon sensitivity is demanded. For these common elements create a tremendous impact on the assembly visually, environmentally and bodily. This section and those following will offer a basic orientation and some principles with regard to each of these elements. We will begin with the sense of the person in the space: the bodily movement.

PERSONAL GESTURES

56. The liturgy of the Church has been rich in a tradition of ritual movement and gestures. These actions, subtly, yet really, contribute to an environment which can foster prayer or which can distract from prayer. When the gestures are done in common, they contribute to the unity of the wor-shipping assembly. Gestures which are broad and full in both a visual and tactile sense, support the entire symbolic ritual. When the gestures are done by the presiding minister, they can either engage the entire assembly and bring them into an even greater unity, or if done poorly, they can isolate.[10]

POSTURE

57. In an atmosphere of hospitality, posture will never be a marshalled, forced uniformity. It is important that the liturgical space can accommodate certain common postures: sitting for preparations, for listening, for silent reflection; standing for the gospel, solemn prayer, praise and acclamation; kneeling for adoration, penitential rites. Those who suffer from handicaps of one sort or another must be carefully planned for so that they can participate in the liturgy without unnecessary strain or burden.

58. Attentiveness, expressed in posture and eye contact, is a requirement for full participation and involvement in the liturgy. It is part of one's share in the life of the community and something one owes the rest of the assembly. Because of this, a space and

its seating should be so designed that one can see the places of the ritual action, but further, that these spaces cannot be so distant that eye contact is impossible, for eye contact is important in any act of ministry — in reading, in preaching, in leading the congregation in music and prayer. Not only are the ministers to be visible to all present, but among themselves the faithful should be able to have visual contact, being attentive to one another as they celebrate the liturgy.

PROCESSIONS

59. Beyond seeing what is done, because good liturgy is a ritual action, it is important that worship spaces allow for movement.[11] Processions and interpretations through bodily movement (dance) can become meaningful parts of the liturgical celebration if done by truly competent persons in the manner that benefits the total liturgical action. A procession should move from one place to another with some purpose (not simply around the same space), and should normally include the congregation, sometimes with stops of stations for particular prayers, readings, or actions. The design of the space and arrangement of the seating should allow this sort of movement. There should be concern for the quality, the gracefulness, and the surety of this movement.

Seating arrangements which prohibit the freedom of action to take place, are inappropriate.

60. In the general movement of the liturgical rite, the role of the one who presides is critical and central. The area of presiding should allow that person to be attentive to and present to the entire congregation, the other ministers, and each part of the liturgical action, even if not personally leading the action at that moment. The place should allow one to conduct the various ministers in their specific activity and roles of leadership, as well as the congregation in its common prayer.

61. In the above instances, audibility and visibility to all in the assembly are minimal requirements. The chair, the lectern and the altar should be constructed so that all can see and hear the person of the reader or one who presides.

EASE OF MOVEMENT

62. The proper use of furniture and other objects which have a symbolic function is important in ritual action. These objects are next in importance to the people themselves and their total environment. They are part of a total rite which everyone present should be able to experience as fully as possible. Thus, their placement and use should allow for ease of movement.

5

Furnishings for liturgical celebration

63. Because the Sunday eucharistic assembly is the most fundamental ecclesial symbol, the requirements of that celebration will have the strongest claim in the provision of furnishings for liturgy. Consequently, any liturgical space must take into consideration not only the general requirements of the assembly but also the need for a feeling of contact with altar, ambo and celebrant's chair.

64. This primacy of the eucharistic assembly, however, should not discourage a liturgical life of greater richness and variety in the local Church. In planning construction, renovation or refurnishing of liturgical spaces, baptism and the other sacraments, morning and evening prayer, services of the word, prayer meetings and other community events should be kept in mind.

65. When multi-functional use of the space is indicated by the needs either of the faith community or of the surrounding city, town or rural area which the faith community services, a certain flexibility or movability should be considered even for the essential furnishings. Great care, however, should be taken in the design and care of movable furnishings that

none of the dignity, noble and simple beauty proper to such objects is sacrificed. There is no reason why a movable altar or ambo need have a flimsy, cheap or disposable appearance.

66. Normally the furnishings used in a liturgical celebration of any kind should be placed before the celebration begins and remain stationary during the celebration. Ritual action is not enhanced by the moving of furniture during a rite. A careful arrangement of furnishings is an integral part of liturgical planning.

DIGNITY AND BEAUTY

67. Consultation with persons who are experts, at least one in liturgy and one in the arts, is not a luxury but a necessity for those responsible for furnishing the liturgical space. Each piece of furniture has its own requirements, but at least two criteria are applicable to all of them, in fact, to any object used in any way in liturgy: 1) None should be made in such a way that it is far removed from the print of the human hand and human craft. When mass-produced items are chosen, care must be taken that

they are truly suitable. Dignity and beauty in materials used, in design and form, in color and texture—these are concerns of artists for their work, for the furniture they build, and are not, unfortunately, the evident concerns of many mass manufacturers and merchandisers. 2) All furnishings taken together should possess a unity and harmony with each other and with the architecture of the place.

BENCHES OR CHAIRS

68. Benches or chairs for seating the assembly should be so constructed and arranged that they maximize feelings of community and involvement.[12] The arrangement should facilitate a clear view not only of the one who presides and the multiple focal points of reading, preaching, praying, music and movement during the rite, but also of other members of the congregation. This means striving for a seating pattern and furniture that do not constrict people, but encourage them to move about when it is appropriate.

69. Benches or chairs for the seating of those engaged in the ministry of music, instrumental or choral, should be so constructed and arranged that they have the advantages described above for congregational seating and also that they are clearly part of the assembly.[13] Yet, the ministers of music should be

able to sing and play facing the rest of the assembly in order to elicit the participation of the community without distracting from the central action of the liturgy. The same should be said of an individual cantor or song leader.

THE CHAIR

70. Chairs or benches for the presiding minister or other ministers, should be so constructed and arranged that they are clearly part of the one assembly, yet conveniently situated for the exercise of their respective offices. The importance of the personal symbol and function of the one who presides in liturgical celebration should not be underrated or underplayed, because it is essential for good celebration. The chair of that person should be clearly in a presiding position, although it should not suggest either domination or remoteness.[14]

THE ALTAR

71. The altar, the holy table, should be the most noble, the most beautifully designed and constructed table the community can provide.[15] It is the common table of the assembly, a symbol of the Lord, at which the presiding minister stands and upon which are placed the bread and wine and their vessels and the book. It is holy and sacred to this assembly's action

and sharing, so it is never used as a table of convenience or as a resting place for papers, notes, cruets, or anything else. It stands free, approachable from every side, capable of being encircled. It is desirable that candles, cross, any flowers or other decoration in the area should not be so close to the altar as to constitute impediments to anyone's approach or movement around the common table.

72. The altar is designed and constructed for the action of a community and the functioning of a single priest—not for concelebrants. The holy table, therefore, should not be elongated, but square or slightly rectangular, an attractive, impressive, dignified, noble table, constructed with solid and beautiful materials, in pure and simple proportions. Its symbolic function, of course, is rendered negligible when there are other altars in sight. The liturgical space has room for but one.

73. The location of the altar will be central in any eucharistic celebration, but this does not mean it must be spatially in the center or on a central axis. In fact, an off-center location may be a good solution in many cases. Focus and importance in any celebration move with the movement of the rite. Placement and elevation must take into account the necessity of visibility and audibility for all.

THE AMBO

74. The ambo or lectern is a standing desk for reading and preaching (although preaching can be done from the chair or elsewhere).[16] One main ambo should be reserved for these functions and therefore not used by commentators, song leaders, etc. Like the altar, it should be beautifully designed, constructed of fine materials, and proportioned carefully and simply for its function. The ambo represents the dignity and uniqueness of the Word of God and of reflection upon that Word.

75. A very simple lectern, in no way competing or conflicting with the main ambo, and placed for the necessary visibility and audibility, can be used by a cantor, song leader, commentator, and reader of the announcements. It should be located for easy communication with both musicians and congregation.

BAPTISTRY

76. To speak of symbols and of sacramental signification is to indicate that immersion is the fuller and more appropriate symbolic action in baptism.[17] New baptismal fonts, therefore, should be constructed to allow for the immersion of infants, at least, and to allow for the pouring of water over the entire body of a child or adult. Where fonts are

not so constructed, the use of a portable one is recommended.

77. The place of the font, whether it is an area near the main entrance of the liturgical space or one in the midst of the congregation, should facilitate full congregational participation, regularly in the Easter Vigil.[18] If the baptismal space is in a gathering place or entry way, it can have living, moving water, and include provision for warming the water for immersion. When a portable font is used, it should be placed for maximum visibility and audibility, without crowding or obscuring the altar, ambo and chair.

EUCHARISTIC CHAPEL

78. The *celebration* of the eucharist is the focus of the normal Sunday assembly. As such, the major space of a church is designed for this *action*. Beyond the celebration of the eucharist, the Church has had a most ancient tradition of reserving the eucharistic bread. The purpose of this reservation is to bring communion to the sick and to be the object of private devotion. Most appropriately, this reservation should be designated in a space designed for individual devotion. A room or chapel specifically designed and separate from the major space is important so that no confusion can take place

between the celebration of the eucharist and reservation.[19] Active and static aspects of the same reality cannot claim the same human attention at the same time. Having the eucharist reserved in a place apart does not mean it has been relegated to a secondary place of no importance. Rather, a space carefully designed and appointed can give proper attention to the reserved sacrament.

79. This space should offer easy access from the porch areas, garden or street as well as the main space. The devotional character of the space should create an atmosphere of warmth while acknowledging the mystery of the Lord. It should support private meditation without distractions. If iconography or statuary are present, they should not obscure the primary focus of reservation.

THE TABERNACLE

80. The tabernacle, as a receptacle for the reservation of the eucharist, should be solid and unbreakable, dignified and properly ornamented.[20] It may be placed in a wall niche, on a pillar, eucharistic tower. It should not be placed on an altar for the altar is a place for action not for reservation. There should be only one tabernacle in a church building. A lamp should burn continuously near it.

RECONCILIATION CHAPEL

81. A room or rooms for the reconciliation of individual penitents may be located near the baptismal area (when that is at the entrance) or in another convenient place.[21] Furnishings and decoration should be simple and austere, offering the penitent a choice between face-to-face encounter or the anonymity provided by a screen, with nothing superfluous in evidence beyond a simple cross, table and bible. The purpose of this room is primarily for the celebration of the reconciliation liturgy; it is not a lounge, counseling room, etc. The word "chapel" more appropriately describes this space.

SACRISTY

82. A sacristy or vesting space should be located to favor the procession of cross, candles, book and ministers through the midst of the congregation to the altar area.

MUSICAL INSTRUMENTS

83. Because choir, instrumentalists and organ often function as an ensemble, they need to be located together in such a way that the organist can see the other musicians and the liturgical action directly or by means of a simple mirror.[22] Organ consoles can be detached from the pipework and their connection supplied by flexible means. This allows for movable consoles, which may be an advantage, especially when the liturgical space serves other functions as well. However, self-contained organs, where console and pipework are united in a single element, are a possibility also, and can be designed so that the whole organ is movable. Organs designed for liturgical rather than concert purposes need not be very large; they should not be grandiose or visually dominating. But they should be superior musically, and as with all artifacts, the instrument and its casework should be authentic, beautiful and coherent with its environment. Proper space must also be planned for other musical instruments used in liturgical celebrations.

6

Objects used in liturgical celebration

84. Like the furniture, all other objects used in liturgical celebrations should be designed or selected in consultation with experts in both liturgy and art. Each should be not only suitable for its purpose but also capable of making a visual or other sensory contribution to the beauty of the action. The two principles cited above are applicable to everything employed in liturgy.

DUPLICATED AND MINIMIZED

85. There is a cultural tendency to minimize symbols and symbolic gestures and to cover them with a heavy curtain of texts, words and commentary. As a result there are two other problems in our use of objects in worship.

86. One problem is the tendency to duplicate signs and objects, a practice which seems to have multiplied in proportion to the symbols' diminution. (The converse is also true: the multiplication of the symbols causes their very diminution.) A symbol claims human attention and consciousness with a power that seems to be adversely affected by

overdose. For example, the multiplication of crosses in a liturgical space or as an ornamentation on objects may lessen rather than increase attention to that symbol.

87. A second common problem in the use of symbolic objects is a tendency to "make up" for weak primary symbols by secondary ones. It is not uncommon for example, to make extensive and expensive efforts to enrich and enliven a Sunday eucharistic celebration without paying any attention to the bread that is used or to the sharing of the cup. Bread and wine are primary eucharistic symbols, yet peripheral elements frequently get more attention. It is important to focus on central symbols and to allow them to be expressed with full depth of their vision. This may mean solutions which are less efficient and pragmatic.

THE CROSS

88. A cross is a basic symbol in any Christian liturgical celebration. The advantage of a processional cross with a floor standard, in contrast to one that is

permanently hung or affixed to a wall, is that it can be placed differently according to the celebration and the other environmental factors.[23] While it is permissible for the cross to rest on the altar, it is preferable that it be elsewhere, not only for non-eucharistic liturgies but also so that in eucharistic celebrations the altar is used only for bread and wine and book.

CANDLESTICKS AND CANDLES

89. The same can be said of candlesticks and candles. When they are floor-standing, they can be arranged differently from time to time. The number can be varied according to the season and feast and the solemnity of the celebration. Like the cross, the candles should be visible without impeding the sight of the altar, ambo, chair and action.[24]

90. The Easter Candle and its standard call for very special dimensions and design. They occupy a central location in the assembly during the Easter season and a place at the baptismal font thereafter.[25]

BOOKS

91. Any book which is used by an officiating minister in a liturgical celebration should be of a large (public,

noble) size, good paper, strong design, handsome typography and binding.[26] The Book of the Gospels or lectionary, of course, is central and should be handled and carried in a special way. The other liturgical books of the Church, which contain the rites of our public worship tradition, are also worthy of venerable treatment and are a significant part of the liturgical environment. Each should be visually attractive and impressive. The use of pamphlets and leaflets detracts from the visual integrity of the total liturgical action. This applies not only to books used by ministers at the altar, chair and font, but also to those used in any other public or semipublic rite.

92. When a liturgical book is employed at a place other than altar or ambo, the book should be held by an assistant or acolyte so that the hands and body of the one who reads are free.

VESTMENTS

93. The wearing of ritual vestment by those charged with leadership in a ritual action is an appropriate symbol of their service as well as a helpful aesthetic component of the rite.[27] That service is a function which demands attention from the assembly and which operates in the focal area of the assembly's liturgical action. The color and form of the vestments

and their difference from everyday clothing invite an appropriate attention and are part of the ritual experience essential to the festive character of a liturgical celebration.[28]

94. The more these vestments fulfill their function by their color, design and enveloping form, the less they will need the signs, slogans and symbols which an unkind history has fastened on them. The tendency to place symbols upon symbols seems to accompany the symbolic deterioration and diminution already discussed.[29]

95. Vesture may also be used appropriately on an altar or ambo or other objects at times, especially for festive occasions, not as "frontals" or "facades," but as decorative covering which respects the integrity and totality of the particular object.[30] The fabrics used in these instances should be chosen because of the quality of design, texture and color.

VESSELS

96. In a eucharistic celebration, the vessels for the bread and wine deserve attention and care.[31] Just as in other types of celebration, those objects which are central in the rite are a natural focus. When the eucharistic assembly is large, it is desirable not to have the additional plates and cups necessary for communion on the altar. A solution is to use one large breadplate and either one large chalice or a large flagon until the breaking of the bread. At the fraction, any other chalices or plates needed are brought to the altar. While the bread is broken on sufficient plates for sharing, the ministers of the cups pour from the flagon into the communion chalices. The number and design of such vessels will depend on the size of the community they serve. To eat and drink is the essence of the symbolic fullness of this sacrament. Communion under one kind is an example of the minimizing of primary symbols.

97. Like the plates and chalices or flagons, all other vessels and implements used in the liturgical celebration should be of such quality and design that they speak of the importance of the ritual action. Pitchers, vessels for holy oils, bowls, cruets, sprinklers, censers, baskets for collection, etc.—all are presented to the assembly in one way or another and speak well or ill of the deed in which the assembly is engaged.

IMAGES

98. Images in painting or sculpture, as well as tapestries, cloth hangings, banners and other permanent or seasonal decorations should be introduced

into the liturgical space upon consultation with an art consultant.[32] Like the furniture and other objects used in worship, they become part of the environment and are subject to its criteria of quality and appropriateness. In addition, their appropriateness must take into account the current renewed emphasis on the action of the assembly. If instead of serving and aiding that action, they threaten it or compete with it, then they are unsuitable.

99. In a period of Church and liturgical renewal, the attempt to recover a solid grasp of Church and faith and rites involves the rejection of certain embellishments which have in the course of history become hindrances. In many areas of religious practice, this means a simplifying and refocusing on primary symbols. In building, this effort has resulted in more austere interiors, with fewer objects on the walls and in the corners.

DECORATIONS

100. Many new or renovated liturgical spaces, therefore, invite temporary decoration for particular celebrations, feasts and seasons. Banners and hangings of various sorts are both popular and appropriate, as long as the nature of these art forms is respected. They are creations of forms, colors, and textures, rather than signboards to which words must be attached. Their purpose is to appeal to the senses and thereby create an atmosphere and a mood, rather than to impress a slogan upon the minds of observers or deliver a verbal message.

101. Although the art and decoration of the liturgical space will be that of the local culture, identifying symbols of particular cultures, groups, or nations are not appropriate as permanent parts of the liturgical environment. While such symbols might be used for a particular occasion or holiday, they should not regularly constitute a part of the environment of common prayer.

102. Flowers, plants and trees — genuine, of course — are particularly apt for the decoration of liturgical space, since they are of nature, always discreet in their message, never cheap or tawdry or ill-made. Decoration should never impede the approach to or the encircling of the altar or any of the ritual movement and action, but there are places in most liturgical spaces where it is appropriate and where it can be enhancing. The whole space is to be considered the arena of decoration, not merely the sanctuary.

103. Suitable decoration need not and should not be confined to the altar area, since the unity of the

celebration space and the active participation of the entire assembly are fundamental principles. The negative aspect of this attention to the whole space invites a thorough housecleaning in which superfluities, things that have no use or are no longer used, are removed. Both beauty and simplicity demand careful attention to each piece of furniture, each object, each decorative element, as well as to the whole ensemble, so that there is no clutter, no crowding. These various objects and elements must be able to breathe and function without being smothered by excess.

AUDIOVISUALS

104. It is too early to predict the effect of contemporary audiovisual media—films, videotape, records, tapes—on the public worship of Christians. It is safe to say that a new church building or renovation project should make provision for screens and/or walls which will make the projection of films, slides, and filmstrips visible to the entire assembly, as well as an audio system capable of fine electronic reproduction of sound.[33]

105. There seems to be a parallel between the new visual media and the traditional function of stained glass. Now that the easily printed word has lost its grip on popular communication, the neglect of audiovisual possibilities is a serious fault. Skill in using these media in ways which will not reduce the congregation to an audience or passive state can be gained only by experience.

106. Such media, of course, should never be used to replace essential congregational action. At least two ways in which they may be used to enhance celebration and participation are already apparent: 1) visual media may be used to create an environment for the liturgical action, surrounding the rite with appropriate color and form; 2) visual and audio media may be used to assist in the communication of appropriate content, a use which requires great delicacy and a careful, balanced integration into the liturgy taken as a whole.

Conclusion

107. When the Christian community gathers to celebrate its faith and vision, it gathers to celebrate what is most personally theirs and most nobly human and truly Church. The actions of the assembly witness the great deeds God has done; they confirm an age-old covenant. With such vision and depth of the assembly can the environment be anything less than a vehicle to meet the Lord and to encounter one another? The challenge of our environment is the final challenge of Christ: We must make ready until he returns in glory.

NOTES

1. 1 John 1
2. Among the official conciliar and post conciliar documents which specifically address these questions are: The Constitution on the Sacred Liturgy (= CSL), Chapters 6 and 7; Instruction of the Congregation of Rites for the Proper Implementation of the Constitution on the Sacred Liturgy, Chapter 6; and the General Instruction of the Roman Missal (= GI), Chapters 5 and 6.
3. CSL no. 123.
4. GI Introduction, nos. 6–15.
5. GI nos. 4, 5.
6. CSL no. 123.
7. GI no. 254.
8. GI no. 253.
9. CSL no. 126; GI no. 254.
10. The Directory for Masses With Children (= DMC) bases the importance of the development of gestures, postures and actions in the liturgy on the fact that liturgy, by its nature, is the activity of the entire person (see no. 33).
11. See Holy Communion and Worship of the Eucharist Outside Mass (= EOM), nos. 101–108; DMC no. 34.
12. GI no. 273.
13. GI no. 274.
14. GI no. 271.
15. GI no. 259–270; Appendix to GI no. 263.
16. GI no. 272.
17. Christian Initiation: General Introduction (= CI), no. 22.
18. CI. no. 25.
19. GI no. 276.
20. GI no. 277.
21. Rite of Penance, nos. 12, 18b; Bishops' Committee on the Liturgy Newsletter 1965–1975, p. 450.
22. GI no. 274, 275; Music in Catholic Worship no. 38.
23. GI nos. 84, 270; Appendix to GI no. 270.
24. GI no. 269; EOM no. 85.
25. CI no. 25.
26. Bishops' Committee on the Liturgy Newsletter 1965–1975, p. 417.
27. GI nos. 297–310; Appendix to GI nos. 305–306.
28. GI nos. 308; Appendix to GI no. 308.
29. GI no. 306.
30. GI no. 268.
31. GI nos. 289–296.
32. CSL no. 125; GI no. 278.
33. See DMC nos. 35–36.

INDEX

Numbers refer to paragraph numbers, not to pages.

PHOTO ACKNOWLEDGMENTS

31. baptism by immersion; Church of the Good Shepherd, Spring, Texas; architect: Robert Herolz

32. baptism by immersion; St. Martin Church, Chicago

33. baptismal font; St. Margaret Mary Church, Naperville, Illinois; architect: Paul Straka; liturgical consultant: Regina Kuehn

34. St. Anthony Church, Kailua, Hawaii; architectural renewal: Robert Tsushima and Ronald Sutton of Johnson, Reese, Luersen and Lowry, Architects, Inc.; liturgical consultants: Bernard Eikmeier and Patrick Freitas

35. baptismal font; St. Thomas More Church, Sarasota, Florida; architect: Carl Abbot; liturgical design consultant: Willy Malarcher

36. processional cross: Frank Kacmarcik

37. octagonal font visible from eucharistic hall; St. John the Evangelist Church, Hopkins, Minnesota; architect: George Rafferty of Rafferty, Rafferty, Mikutoski and Associates; liturgical design consultant: Frank Kacmarcik

38. altar, ambo and presidential chair; see 37

39. presidential chair: Joseph Agati; St. Louis de Montfort Church, Oak Lawn, Illinois

40. presidential chair in the midst of the assembly's chairs; Great St. Martin Church, Cologne, Germany

41. proclaiming the word; St. Thomas More University Parish Church, Norman, Oklahoma; architect: Raymond W. H. Yeh

42. ambo; St. Richard Church, Jackson, Mississippi; architect: Thomas Biggs of Biggs, Weir, Neal and Castain Architects; liturgical design consultant: Frank Kacmarcik

43. lectionary; Pueblo Publishing Company; cover design: Frank Kacmarcik

44. Book of the Gospels, antique design

45. reconciliation room; St. Meinrad School of Theology, St. Meinrad, Indiana

46. chapel for the reservation of the eucharist; Cathedral College of the Immaculate Conception, Douglaston, New York; designer: Donald Shepherd

47. tabernacle and cathedral glass window; Holy Spirit Retreat House, Techny, Illinois; renovation: John Voosen

48. fellowship area in forefront of worship area; St. Martin Church, Chicago; consultant: Richard Gambla

49. exterior gathering place; see 31

50. gathering place and doors; Church of the Holy Spirit, Schaumburg, Illinois; architect: Benjamin Nelson; liturgical consultant: John Buscemi; windows: Steven Melahn

51. exterior; see 17

52. tabernacle; Christ the Redeemer Church, Sterling, Virginia; architect: Lawrence Cook; liturgical design consultant: Willy Malarcher; tapestry: Anne Brooke

53. chasuble: Vincent Crosby, OSB

54. chicha bowl from Sarayacu, Ecuador

55. Madonna and Child: David Wanner

56. Madonna and Child: Michael Price; see 3

57. shrine of Our Lady of Guadalupe; St. Mary Cathedral, San Francisco

58. needlepoint on wooden frame processional cross: Jerry Bleem, OFM

59. tapestry, *Messenger*: Katherine Kilgore

61. processional cross: Jerzy Kenar; St. Bernard Church, Chicago

62. *ojo de Dios*, macrame folk art

63. window: Robert Harmon; St. Michael Church, Sioux Falls, South Dakota

64. paschal candle: Alan Scheible, O. Praem.; St. Willibrord Church, Chicago

65. bronze sculpture: Sr. Mary Peter Tremonte; see *31*

66. enamel on copper cup and plate: Holy Rood Guild, Spencer, Massachusetts

67. painting: Lolita Celsi; St. Henry Church, Gresham, Ohio

72. St. Leo Church, Omaha, Nebraska; architect: Thomas Findley; liturgical consultant: William J. Woeger, FSC; furnishings: Helen Gloeb

PHOTOGRAPHERS

Lea Babcock   *10, 12, 28*
Kyle Bloom   *14, 26*
Annette Brophy, OSB   *9*
Jean Clough   *73*

David Franzen   *34*
Rev. Larry Ginzkey   *4*
Rev. Patrick Henry   *15*
James Jensen   *16*
Irene Kane   *60*
Katherine Kilgore   *59*
Meinrad Kinder, OSB   *21*
Regina Kuehn   *1–3, 5, 6, 17–20, 24, 25, 27, 32, 33, 39, 40, 43–45, 47, 48, 50, 51, 53, 55, 56, 58, 61–64, 68–71*
Malcolm Morris   *41*
Joan Niehaus   *31, 49, 65*
Warren Reynolds   *37, 38*
Armando Ruiz   *46*
Conrad Schmitt Studios   *8*
Martin Willertt   *72*

Photographs 4, 15, 21, 22, 31, 37, 38, 41, 42, 49, 56, 57, 65, 66, 67, and 72 are taken from *Worship Space*, a slide collection sponsored by the Federation of Diocesan Liturgical Commissions, 1983. Liturgy Training Publications gratefully acknowledges the cooperation of William Woeger, FSC, project coordinator of *Worship Space*.

IN THE following illustrations there is an attempt to give visual examples of principles found in the text. While viewing the examples, this fundamental truth should be kept in mind: When the community gathers to celebrate its faith and vision, it gathers to celebrate what is most personally theirs and most nobly human and truly church.

EN LAS siguientes ilustraciones se encuentran algunos ejemplos visuales de los principios mencionados en el téxto. Es importante al estudiar estos ejemplos, mantener en la mente el siguiente principio fundamental: Cuando la comunidad Cristiana se reune para celebrar su fe y su visión; se reune para celebrar lo que es personalmente suyo, lo más noble de lo humano, y aquello que en verdad es ser Iglesia.

1

RENEWAL requires the opening of our symbols, especially the fundamental ones of bread and wine, water, oil, the laying on of hands, until we can experience all of them as authentic and appreciate their symbolic value.

LA RENOVACION se empeña, por lo tanto, en buscar una interpretación de nuestros símbolos, especialmente de aquellos que son fundamentales, tales como los del pan y vino, el agua, el aceite, la imposición de manos, hasta que podamos tener una experiencia auténtica de ellos y apreciemos su valor simbólico.

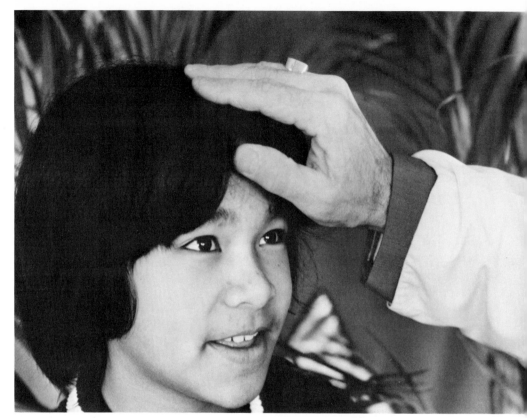

2

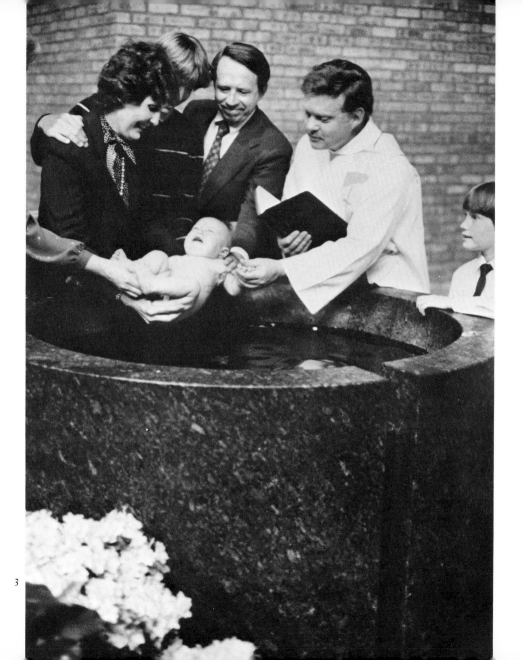

3

4

5

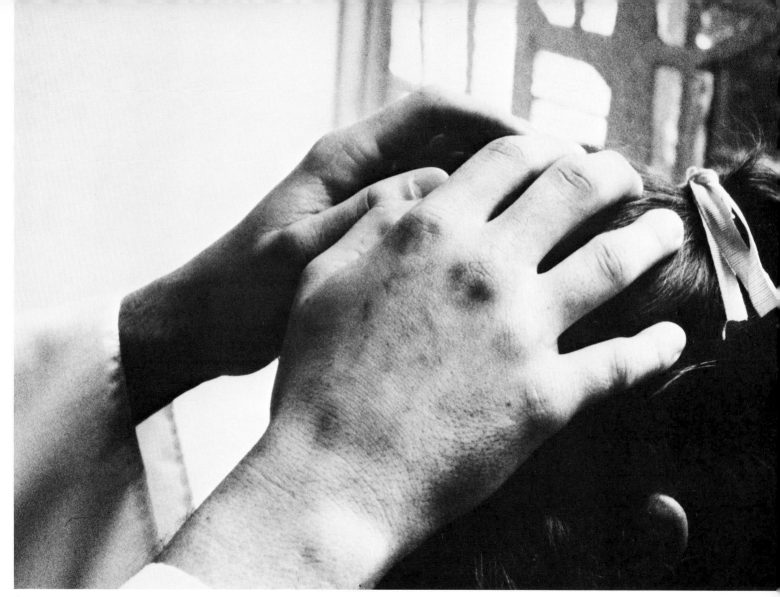

A RENOVATION can respect
both the best qualities of the
original structure and the requirements of contemporary worship.

T ODA renovación puede igualmente respetar las mejores
cualidades de la estructura original
y los requisítos para el culto actual.

9

12

13

14

LITURGY flourishes in a climate of hospitality: a situation in which people are comfortable with one another; a space in which people are seated in view of one another as well as the focal points of the rite.

LA LITURGIA florece en un clima hospitalario: una situación en la que los fieles se sienten a gusto; un recinto en el cual se les pueda sentar juntos con facilidad para establecer contacto visual entre sí y con los puntos centrales del rito.

QUALITY is perceived only by contemplation, by standing back from things and really trying to see them, trying to let them speak to the beholder.

LA CALIDAD se percibe únicamente por medio de la contemplación, apartándose de las cosas y esforzándose para realmente verlas, tratando de permitirles que hablen por sí mismas a quien las contempla.

17

18

19

20

THE ENVIRONMENT is appropriate
when it is beautiful, when it is
hospitable, when it clearly invites
and needs an assembly of people to
complete it.

LA AMBIENTACION es adecuada
cuando es hermosa, acogedora y
cuando claramente cautíva a una
asamblea de personas de quienes
necesita para quedar completa.

THE ARRANGEMENT of benches or chairs [for the assembly] should facilitate a clear view not only of the one who presides [and the multiple focal points of reading, preaching, praying, music and movement during the rite], but also of other members of the congregation. This means striving for a seating pattern and furniture that do not constrict people, but encourage them to move about when it is appropriate.

LA DISPOSICION de los bancos o sillas [para uso de la asamblea] no solamente debe facilitar una visión clara del que preside [y de los varios puntos focales, donde se lee, se predica, se ora, se toca música o se ejecuta algun movimiento durante el rito], sino también, de los demás miembros de la congregación. Esto significa que se ha de procurar que el arreglo de asientos y muebles sea tal que la gente no se sienta apretujada, sino que se sienta estimulada a moverse con comodidad cuando sea apropiado.

23

A LL FURNISHINGS taken together
should possess a unity and
harmony with each other and with
the architecture of the place.

Q UE HAYA en el conjunto de las
piezas del mobiliario unidad y
armonía entre sí y con la arquitectura del lugar.

25

26

T HE ALTAR is the common table of the assembly, a symbol of the Lord. It is designed and constructed for the action of a community and the functioning of a single priest. The holy table, therefore, should not be elongated, but square or slightly rectangular.

E L ALTAR es la mesa común de la asamblea, un símbolo del Señor. Es diseñado y construido para la acción de una comunidad y para el funcionamiento de un solo sacerdote. La mesa sagrada, por lo tanto, no debe ser alargada, sino más bien cuadrada o ligeramente rectangular.

27

28

THE LOCATION of the altar will be central in any eucharistic celebration, but this does not mean it must be spacially in the center or on a central axis.

LA UBICACION del altar será el punto central en cualquier celebración eucarística; aúnque esto no quiere decir que tiene que estar en el centro geométrico o en el éje central.

29

To SPEAK of symbols and sacramental signification is to indicate that immersion is the fuller and more appropriate symbolic action of baptism.

AL HABLAR de símbolos y de significación sacramental, se comprende que la inmersión es la acción simbólica más completa y apropiada en el bautismo.

31

N EW BAPTISMAL fonts should be
constructed to allow for the
immersion of infants, at least, and to
allow for the pouring of water over
the entire body of a child or adult.

L AS NUEVAS fuentes bautismales
han de construirse de modo que
permitan por lo menos la inmersión
de los infantes y el derramamiento
de aqua sobre todo el cuerpo de un
niño o de un adulto.

33

35

QUALITY means love and care in the making of something, honesty and genuineness with any materials used, and the artist's special gift in producing a harmonious whole, a well-crafted work.

CALIDAD significa el amor y el cuidado que se ponen en la fabricación de alguna cosa, la honestidad y la integridad en la elección de los materiales, y, por supuesto, el talento especial e indispensable del artista para lograr un conjunto armonioso, un trabajo bien realizado.

THE PLACE of the font, whether it is an area near the main entrance of the liturgical space or one in the midst of the congregation, should facilitate full congregational participation.

EL LUGAR para la fuente, ya sea que esté en un sitio cercano a la entrada principal del recinto litúrgico o en el centro de la congregación, ha de facilitar en pleno la participación comunitaria.

When candlesticks are floorstanding, they can be arranged differently. The number can be varied according to the season and feast and the solemnity of the celebration. Flowers, plants and trees— genuine, of course—are particularly apt for the decoration of liturgical space.

Cuando los candeleros se colocan en el piso, pueden de vez en cuando arreglarse de diferente manera. El número puede variar según el tiempo litúrgico, la fiesta y la solemnidad de la celebración. Las flores, las plantas y los árboles decorativos—por supuesto, genuinos —son particularmente áptos para la decoración del recinto litúrgico.

THE CHAIR of the priest should be clearly in a presiding position, although it should not suggest either domination or remoteness.

LA SEDE del celebrante debe estar en una posición presidencial, pero no debe sugerir superoridad o distanciamiento.

THE AMBO should be beautifully
designed, constructed of fine
materials, and proportioned carefully
and simply for its function.

EL AMBON ha de ser bellamente
diseñado, construido con
materiales finos, y simple y cuidadosamente adecuado para su función.

42

THE BOOK of the Gospels or
lectionary is central and should
be handled and carried in a special
way.

EL LIBRO de los Evangelios o
Leccionario, por supuesto, es
central y se le debe tratar y portar
de una manera especial.

A ROOM or rooms for the reconciliation of individual penitents may be located near the baptismal area. Furnishings and decoration should be simple and austere, offering the penitent a choice between face-to-face encounter or the anonymity provided by a screen.

S E PUEDE instalar un local o locales para la reconciliación individual cerca del área bautismal. El mobiliario y la decoración deben ser sencillos y austeros para dar al penitent la opción de presentarse frente a frente al confessor o en forma anónima, colocándose detrás de una rejilla de separación.

MOST appropriately, the reservation of the eucharist should be designated in a space designed for individual devotion.

PROPIAMENTE, a la reserva eucarística se le dedicará un espacio apto para la devoción individual.

46

47

PLANNING for a convergence of
pathways to the liturgical space
in a concourse or foyer or other
place adequate for gathering before
or after liturgies is recommended.
Such a gathering space can encourage the building of the kind of
community sense and feeling
recognized now to be a prerequisite of good celebration.

SE RECOMIENDA la planificación
para una convergencia de las vías
de acceso al recinto litúrgico en una
entrada o vestíbulo, o en cualquier
otro lugar adecuado para reuniones
antes o después de la liturgia. Tal
espacio para reuniones puede
propiciar lo cual es reconocido ahora
como un requisíto previo para una
buena celebración.

49

CONTEMPLATION sees the handstamp of the artist, the honesty and care that went into an object's making, the pleasing form and color and texture.

POR MEDIO de la contemplación uno puede ver el distintivo de la mano del artísta, la honestidad y el cuidado que entraron en juego al fabricar un objecto, la forma agradabale, el color y la textura del mismo.

51

53

54

THE ASSEMBLY cannot be satisfied with anything less than the beautiful in its environment and in all its artifacts, movements, and appeals to the senses. This means winning back to the service of the church professional people whose places have long since been taken by "commercial" producers.

LA ASAMBLEA no puede conformarse con alguna cosa menos que bella en su ambiente y en todos sus artefactos, movimientos y estímulo a los sentidos. Esto significa que hay que atraer de nuevo al servicio de la Iglesia a profesionales cuyos lugares han sido tomados, desde hace mucho tiempo, por productores "comercializados."

56

57

58

59

To IDENTIFY liturgy as an important personal-communal religious experience is to see the virtue of simplicity and common-ness.

PARA identificar la liturgia como una importante vivencia religiosa de tipo personal-comunitario, se ha de procurar la virtud de la sencillez.

60

CONTEMPORARY art is our own,
the work of artists of our time
and place, and belongs in our
celebrations as surely as we do.

EL ARTE actual, esto es, las obras
de artistas de nuestro tiempo y
lugar, es algo muy nuestro, y
pertenece a nuestras celebraciones
tanto como nosotros mismos.

63

CONTEMPORARY art forms belong to the liturgical expressions of the assembly as surely as the art forms of the past. The latter are part of our common memory.

LOS ESTILOS actuales del arte, como sin duda también los de tiempos pretéritos, pertenecen a las expresiones litúrgicas de la asamblea. Estas últimas forman parte de nuestro patrimonio común.

65

66

67

ONE SHOULD sense something special in everything that is seen and heard, touched and smelled and tasted in liturgy.

UNO DEBE estar capacitado para sentir algo especial en todo lo que se ve y escucha, se toca o se aprecia con el gusto y el olfato en la liturgia.

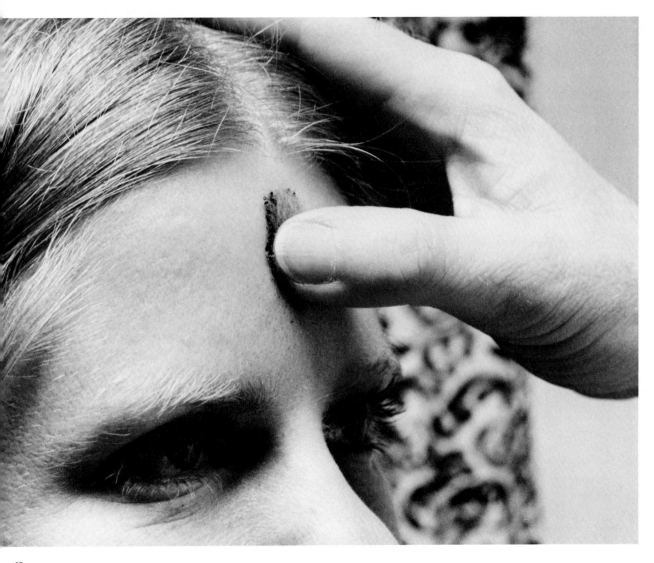

70

71

THE MOST powerful experience of the sacred is found in the celebration and the persons celebrating, that is, it is found in the action of the living assembly: the living words, the living gestures, the living sacrifice, the living meal.

LA VIVENCIA más intensa de lo sagrado se halla en la celebración misma y en las personas que participan en ella, es decir, en la acción de la asamblea: palabras que dan vida, gestos que indican vida, sacrificio vivo, alimento de vida.

LA AMBIENTACION Y EL ARTE

EN EL CULTO CATOLICO

Español/Inglés

Conferencia Episcopal de los Estados Unidos
Comisión Episcopal de Liturgia

HERMOSA

34. Porque la asamblea se congrega en la presencia de Dios para celebrar su obra salvífica, el clima de la liturgia está impregnado de temor reverencial, misterio, admiración, respeto, acción de gracias y alabanza. Por lo tanto, no puede conformarse con alguna cosa menos que *bella* en su ambiente y en todos sus artefactos, movimientos y estímulo a los sentidos.[8] Admitiendo lo difícil que es dar una definición, se puede decir que la belleza va enlazada al sentido de lo numinoso y de lo sacro. Evidentemente, donde no se tiene un cuidado especial de esto, allí hay un ambiente básicamente hostil al misterio y al temor reverencial, un ambiente demasiado casual, si es que no descuidado, para la acción litúrgica. En un mundo dominado por la ciencia y la tecnología, la búsqueda de la liturgia en pos de la belleza es una contribución particularmente necesaria para completar y equilibrar la vida humana.

LA EXPERIENCIA HUMANA

35. Reunirse intencionalmente en la presencia de Dios es hacerlo íntegramente, en la totalidad de nuestra persona —a manera de un "sacrificio vivo". Otras actividades humanas tienden a ser más incompletas o especializadas y a reclamar una u otra faceta de nuestras vidas, talentos y papel que desempeñamos; la liturgia lo abarca todo, y, por eso, debe ser más que un simple ejercicio racional o intelectual. En toda tradición eficaz, pues, se deja sentir esta atención a la totalidad de la persona. En vista del énfasis que nuestra cultura da a la razón, es de suma importancia que la Iglesia haga hincapié en un acercamiento más íntegro a la persona humana por medio de una revalorización y desarrollo de los elementos no racionales de la celebración litúrgica: inquietud por los sentimientos de conversión, apoyo, arrepentimiento, confianza, amor, memoria, movimiento, gestos, asombro.

PECADORA

36. La Iglesia es una iglesia de pecadores, y, por eso, el hecho de que Dios perdona, acepta y ama a los pecadores, pone a la asamblea litúrgica bajo una obligación fundamental para que, en todo lo que haga, sea íntegra y humilde, sin dolo o afectación. Una vez que se hayan erradicado las prerrogativas, entonces la integridad tiene por fuerza que llevarse a la práctica en todas las palabras, gestos, movimientos, formas de arte, objetos y mobiliario para el culto público. Nada que pretenda ser lo que no es, tiene cabida en la celebración, ya sea una persona, copa, mesa o escultura.

SERVIDORA

37. Los diferentes ministerios en tal asamblea no suponen un grado de "superioridad" o "inferioridad."

En la liturgia son necesarias diferentes funciones, así como en cualquier actividad humana y social. Así pues, el reconocimiento de diferentes dones y talentos y la ordenación, institución o delegación para los diferentes servicios (sacerdote, lector, acólito, músico, ujier, etc.) facilitan el culto. Estos servicios son a la asamblea y quienes los desarrollan servidores de Dios que prestan servicios a la asamblea. Por lo tanto, aquellos que desarrollan tales ministerios son ciertamente servidores de la asamblea.

38. La asamblea litúrgica, en la forma hasta aquí presentada, viene a ser la Iglesia, y como Iglesia está al servicio del mundo. Tiene, pues, el compromiso de ser signo, testigo e instrumento del reino de Dios. Y tal compromiso ha de reflejarse y realizarse no solamente en la vida individual de cada uno de sus miembros, sino también en toda opción de la comunidad y aun en el uso del dinero, de la propiedad y de los demás recursos de ésta. Los edificios y espacios para la liturgia deben también tener el mismo valor testimonial. Por eso, para su planeamiento, habrá que incluir a representantes de las clases oprimidas y marginadas de las comunidades en donde estén ubicados dichos edificios y espacios.

3

Una casa para las celebraciones litúrgicas de la iglesia

39. La congregación, su acción litúrgica, los muebles y otros objetos que necesita para tal acción litúrgica —indican todos ellos la necesidad de un espacio, un lugar, un salón o un edificio para la liturgia. Será un lugar para orar y cantar, para escuchar y hablar —un lugar para la interacción humana y para la participación activa— donde se recuerden y se celebren los misterios de Dios en la historia humana. La Iglesia, por su misma naturaleza de servidora con relación al resto de la comunidad en su área (y en todo el mundo), está llamada a considerar las necesidades más esenciales de dicha comunidad, especialmente las de los miembros carentes de recursos, los minusválidos o los que sufren, y, por lo tanto, a tomar en cuenta todo un marco de posibilidades en el aprovechamiento de sus edificios.

EXIGENCIA PRIMARIA: LA ASAMBLEA

40. Sin embargo, en ningún caso se debe interpretar esto como falta de atención a las normas de la celebración litúrgica o despego de las exigencias primarias que la liturgia tiene que establecer para el espacio: la reunión de la comunidad de fe para la palabra y la eucaristía, para la iniciación y la reconciliación, para la oración, la alabanza y el canto en una atmósfera acogedora y apta para la participación.

41. Tal espacio se convierte en un lugar sagrado, debido a la acción sagrada de la comunidad de fe que lo usa. Como lugar, entonces, viene a ser un punto de referencia y de orientación para los creyentes. El problema histórico de la iglesia como *lugar* al que se le diera más importancia que a la comunidad de fe, no tiene por qué repetirse mientras los cristianos respenten la supremacía de la asamblea viva.

42. La norma para hacer el proyecto de un espacio litúrigico, es la asamblea misma y su liturgia. El edificio o cubierta que constituye el espacio arquitectónico, viene a ser albergue o "piel" para la acción litúrgica. No tiene por qué "parecerse" a ningún otro, sea antiguo o de actualidad. Su integridad, simplicidad y belleza, su ubicación y perspectiva deben tomar en consideración el barrio, ciudad y área donde se le levante.

43. Muchas iglesias locales se ven en la necesidad de usar recintos que fueron diseñados y construidos en

un período anterior al nuestro, recintos que pueden ahora ser inadecuados para la liturgia. En la renovación de dichos recintos para el uso actual de la liturgia, no se encuentra sustituto alguno que tome totalmente el lugar de una eclesiología que sea a la vez antigua y moderna. Tampoco hay sustituto alguno de la comprensión cabal de las necesidades rituales en la vida humana y de la multiplicidad de las tradiciones litúrgicas de la Iglesia. Con tales indicaciones, toda renovación puede igualmente respetar las mejores cualidades de la estructura original y los requisitos para el culto actual.

TRABAJO DE CONJUNTO

44. Ya sea al diseñar un nuevo recinto para la acción litúrgica o al renovar uno antiguo, son esenciales el trabajo de conjunto y la preparación de la congregación (de una manera especial de su comité para la liturgia), del clero, del arquitecto y del consultor (para la liturgia y el arte).[9] Todo arquitecto competente debe contar con la asistencia de un consultor en liturgia y arte, ya sea en las fases de discusión del proyecto (diálogo con la congregación y el clero, así como entre ellos mismos) como en todas las fases de planeamiento y construcción. En concursos recientes de proyectos de edificios para la liturgia, se ha demostrado la ventaja que tiene tal consulta.

45. La congregación o Iglesia local, la cual actúa generalmente a través de sus delegados, es un componente básico y primario en el equipo. La labor de la congregación consiste en familiarizar al arquitecto y al consultor con la imagen que tiene de sí misma como Iglesia y el sentido que tiene de la comunidad más amplia de la que es parte. Por otro lado, es importante para la congregación y el clero que reconozcan el área de su propia incumbencia. Esto determinará también los límites de los que no pueden pasar. Es esencial para toda buena labor de conjunto el respeto a la capacidad de los demás en sus respectivos campos.

46. Si una comunidad ha seleccionado a personas competentes y expertas, deberán éstas recibir del arquitecto y del consultor un diseño que estimule e inspire a la asamblea, a la vez que satisfaga las necesidades de ésta de la manera en que fueron descritas. Cuando hay benefactores financieros involucrados, toman éstos parte en el proceso a la manera de la congregación y el clero, a condición de que se sujeten a las normas anteriores para una buena liturgia.

47. Un buen arquitecto tendrá igualmente disposición para aprender de la congregación y suficiente integridad para no permitir que el gusto o

preferencia de la comunidad por un diseño lo limite en la libertad que se requiere para lograr un diseño verdaderamente creativo. El arquitecto acudirá a la congregación y al clero para una mejor comprensión del carácter y finalidad de la asamblea litúrgica. En tal conformidad, es tarea del arquitecto diseñar el proyecto para el recinto, para lo cual tendrá cuidado de usar materiales y estilos de construcción actuales, y de estar en diálogo constante con consultores que sean expertos en áreas del arte litúrgico, ritos, acústica y otros aspectos que requieren especialización.

48. El consultor en arte y liturgia es un compañero inapreciable del arquitecto; pues solamente un proyectista (arquitecto) competente, que sea versado en la tradición de la liturgia, en su forma actual, así como en el mobiliario y demás objetos que se usan, puede crear la finalidad del recinto y hacer el proyecto del lugar de una manera creativa. El sentido por la acción litúrgica es tan importante como la habilidad del proyectista para lograr un espacio y lugar que valgan la pena.

VISIBILIDAD Y AUDIBILIDAD

49. Uno de los requisitos principales para el recinto es la visibilidad de todos en la asamblea: de unos con otros en la congregación, así como también del punto central de la acción ritual.

50. La visibilidad trata más bien de la calidad de la visión y no simplemente del mecanismo en el ver. Un recinto debe producir la sensación de que lo que uno ve está cerca, es importante y personal. Para el arreglo del recinto, se deben tener en cuenta niveles de prioridad en lo que se ve, que permitan el trayecto visual de un centro a otro de la acción litúrgica. Más aún, el sentido y variedad de la luz, ya sea artificial o natural, contribuye enormemente a la mejor visión de las cosas.

51. La audibilidad de todos (congregación y ministros) es otro requisito primario. Lo ideal es un recinto donde no se requiera la amplificación de la voz. Donde se necesite un sistema de amplificación, se le debe acondicionar con conexiones múltiples para los micrófonos (por ejemplo, en el altar, ambón, silla presidencial, fuente bautismal, en el espacio inmediato frente a la congregación y en algunos puntos del lugar que ésta ocupa). Puesto que el recinto litúrgico debe ser adecuado para la palabra y el canto, se debe considerar seriamente el aspecto acústico de las divergentes exigencias de estas dos acciones. El asesoramiento de un ingeniero en acústica puede ayudar al arquitecto y al constructor a darse cuenta

de las desventajas que hay en aposentos que son exclusivamente "secos" o "vivos". Así, un aposento hecho para mitigar toda clase de sonidos, está condenado a neutralizar la participación litúrgica.

LA ESCALA DE UN RECINTO

52. El recinto litúrgico ha de crear una "buena sensación" en términos de escala humana, hospitalidad y afabilidad. En él no se busca impresionar y, mucho menos, dominar, sino que el objetivo claro de tal lugar es facilitar el culto público y la oración participativa de la comunidad de fe.

UNIDAD DEL RECINTO

53. Debe darse especial atención a la unidad de todo el recinto litúrgico. Antes de considerar la distinción entre los oficios en la liturgia, se ha de asegurar que el recinto mismo comunique el sentido de integridad (sentido de unidad, de totalidad) y la impresión de ser el lugar donde se congrega la comunidad de iniciados. Dentro de ese recinto hay diferentes áreas que corresponden a diversos oficios y funciones, pero la integridad en todo el recinto ha de ser completamente evidente.

54. Se recomienda la planificación para una convergencia de las vías de acceso al recinto litúrgico en una entrada o vestíbulo, o en cualquier otro lugar adecuado para reuniones antes o después de la liturgia. Dependiendo del clima, se le podría situar en las afueras del recinto. Tal espacio para reuniones puede propiciar el trato personal, la conversación, el convivio después de la liturgia y el establecimiento de la clase de sentido y sentimientos por la comunidad, lo cual es reconocido ahora como un requisito previo para una buena celebración.

4

Las artes y el lenguaje corporal de la liturgia

55. La celebración litúrgica, por su naturaleza pública y colectiva, y porque es expresión de toda la persona dentro de la comunidad, no solamente incluye el uso de un lenguaje y una tradición ritual comunes, sino también el uso de un lugar, mobiliario, formas de arte y símbolos, gestos, movimientos y posturas comunes. Mas, cuando uno examina la calidad de estos elementos comunes, encuentra que se requiere una sensibilidad nada común, debido a que estos elementos comunes causan visual, ambiental y corporalmente un tremendo impacto en la asamblea. En esta sección y en las subsiguientes se dará una orientación básica y algunos principios para cada uno de estos elementos. Empezaremos con el significado de la persona en el recinto: el movimiento corporal.

GESTOS PERSONALES

56. La liturgia de la Iglesia ha contado con una tradición rica en movimientos y gestos rituales. Estas acciones, de una manera sutil, pero real, contribuyen a una ambientación que puede facilitar la oración o ser causa de distracción en ella. Cuando los gestos se hacen en común ayudan a la unidad de la asamblea cultual. Los gestos que son amplios y ricos tanto en el aspecto visual como en el tangible, sirven de apoyo a todo el ritual simbólico. Cuando los gestos son efectuados por el ministro que preside, o hacen que toda la asamblea participe, logrando así una unidad mayor, o pueden causar aislamiento, si se hacen de una manera descuidada.[10]

POSTURA

57. En una atmósfera de hospitalidad, la postura jamás será una uniformidad forzada o regularizada. Es importante que el recinto litúrgico pueda favorecer ciertas posturas comunes: sentados para toda preparación, para escuchar y para la reflexión en silencio; de pie para el evangelio, la oración solemne, la alabanza y la aclamación; de rodillas para la adoración y ritos penitenciales. Tales posturas se planearán cuidadosamente para aquellos que sufren algún impedimento físico de cualquier índole, de tal manera que puedan participar en la liturgia sin esfuerzos e incomodidades innecesarios.

58. La atención, que se manifiesta en la postura y en el contacto visual, es otro requisito para la participación y actuación plenas en la liturgia. Es el tributo de

uno a la vida de la comunidad y algo que uno debe al resto de la asamblea. Por esto, todo recinto y el arreglo de sus asientos deben estar dispuestos en forma tal que uno pueda ver los lugares de la acción ritual, y además, que esos lugares no estén a una distancia en la que el contacto visual sea imposible, ya que éste es importante en cualquier acto ministerial — cuando se lee, se predica o se dirige a la congregación en la música y en la oración. No solamente los ministros han de estar a la vista de todos los presentes, también los fieles deben tener la posibilidad de entablar contacto visual entre ellos, para darse la atención debida mientras celebran la liturgia.

PROCESIONES

59. Porque la buena liturgia es una acción ritual, es importante que los recintos cultuales, además de permitir ver lo que se hace, dejen sitio para el movimiento.[11] Las procesiones e interpretaciones por medio del movimiento corporal (danza) pueden llegar a ser partes significativas de la celebración litúrgica, especialmente si las últimas son realizadas por personas verdaderamente competentes y en tal forma que encuadren en toda la acción litúrgica. Una procesión debe ir de un lugar a otro con un propósito (no simplemente alrededor de un mismo lugar), y debe incluir normalmente a la congregación, a veces con paradas o estaciones para oraciones, lecturas o

acciones particulares. Así pues, en el proyecto del recinto y en el arreglo de los lugares para sentarse, debe tenerse en cuenta esta clase de movimiento. Debe tenerse especial esmero en la calidad, belleza y seguridad en ese movimiento. Por eso, la colocación de los asientos que impida la libertad de acción, es inadecuada.

60. En el movimento general del rito litúrgico, el papel de aquel que preside es crítico y central. El área desde donde se preside debe permitir a esa persona estar presente y atenta a toda la congregación, a los demás ministros y a cada parte de la acción litúrgica, aun cuando en ese momento no esté dirigiendo personalmente la acción ritual. El lugar debe permitirle a uno dirigir a los diversos ministros en sus actividades específicas y en sus funciones de agentes, así como también a la congregación en la oración común.

61. En los casos anteriores, la audición y la visibilidad para todos en la asamblea son requisitos mínimos. La sede, el ambón y el altar deben estar construidos en tal forma que todos puedan ver y escuchar a la persona que lee o a quien preside.

SOLTURA DE MOVIMIENTOS

62. En la acción ritual, es importante el correcto uso del mobiliario y otros objetos que tengan una función

simbólica. Estos objetos siguen en importancia a la gente misma y al ambiente general del que forman parte. Son parte de un rito total, que todos los presentes debieran experimentar tan plenamente como posible sea. En consecuencia, la colocación y uso de tales objetos deben permitir que los movimientos se hagan con soltura.

Mobiliario para la celebración litúrgica

63. Debido a que la asamblea eucarística dominical es el símbolo eclesial más fundamental, los requisitos para esa celebración determinarán la provisión de mobiliario que se hará para la liturgia. Por consiguiente, en cualquier recinto litúrgico habrá de tenerse en cuenta no solamente los requisitos generales de la asamblea, sino también la necesidad de una sensación de acercamiento al altar, ambón y sede del celebrante.

64. La primacía de la asamblea eucarística, sin embargo, no debe frenar una vida litúrgica de mayor riqueza y variedad en la Iglesia local. Al planear la construcción, la renovación o el reacondicionamiento del mobiliario en los recintos litúrgicos, debe tenerse en cuenta el bautismo y demás sacramentos, la oración matutina y vespertina, los servicios de la palabra, las reuniones para la oración y otros eventos de la comunidad.

65. Cuando se determina el uso multifuncional del recinto por las necesidades, ya sea de la comunidad de fe o bien de la ciudad cercana, población o área rural a las que la comunidad de fe sirve, se debe considerar la flexibilidad y movilidad aun del mobiliario esencial. Sin embargo, se debe tener gran esmero en la hechura y cuidado del mobiliario móvil para que en nada se sacrifique la dignidad, la noble y sencilla belleza propias de tales objetos. No hay razón para que un altar móvil o un ambón tengan una apariencia inconsistente, de baja calidad o desechable.

66. Normalmente se debe acomodar el mobiliario que se usa en una celebración litúrgica de cualquier género, antes que ésta comience y dejarlo fijo durante su transcurso. No se da realce alguno a la acción ritual con el cambio de sitio de los muebles durante un rito. Por eso, un esmerado arreglo del mobiliario viene a ser parte integral en la preparación de la liturgia.

DIGNIDAD Y BELLEZA

67. La consulta con expertos, al menos con uno en liturgia y con otro en artes, no es lujo alguno, sino una necesidad para aquellos que se responsabilizan de amueblar el recinto litúrgico. Cada pieza del mobiliario tiene sus propios requisitos; pero, por lo menos, hay dos normas que se pueden aplicar a todas ellas, de hecho a cualquier objeto que, de una manera

u otra, se use en la liturgia: 1) Que no se fabrique cosa alguna que parezca estar desligada de la impresión de la mano o del ingenio humanos. Que se tenga cuidado cuando se escojan artículos de producción en serie, que éstos sean apropiados. La preocupación de todo artista es la dignidad y la belleza en el material que se usa, en el diseño y en la forma, en el color y la textura—preocupación que se refleja en su trabajo, en los muebles que fabrica, etc.; desafortunadamente tal cosa no sucede con los productores en masa o con los comerciantes. 2) Que haya en el conjunto de las piezas del mobiliario unidad y armonía entre sí y con la arquitectura del lugar.

BANCOS O SILLAS

68. La hechura y disposición de los bancos o sillas para uso de la asamblea deben ser tales que intensifiquen al máximo el sentido comunitario y la participación activa.[12] La disposición no solamente debe facilitar una visión clara del que preside y de los varios puntos focales, donde se lee, se predica, se ora, se toca música o se ejecuta algún movimiento durante el rito, sino también, de los demás miembros de la congregación. Esto significa que se ha de procurar que el arreglo de asientos y muebles sea tal que la gente no se sienta apretujada, sino que se sienta estimulada a moverse con comodidad cuando sea apropiado.

69. Además de las mismas ventajas descritas anteriormente para el acomodo de la congregación, la hechura y disposición de bancos o sillas para uso de aquellas personas que participan en el ministerio de la música instrumental o coral deben ser tales, que también se vea claramente que dichas personas son parte de la asamblea.[13] Más aún, los ministros de la música han de tener facilidad para cantar y tocar de cara al resto de la asamblea y así lograr la participación de la congregación sin distraerse de la acción central de la liturgia. Esto mismo se aplica a los solistas o al director de coro.

LA SEDE

70. La hechura y la disposición de las sillas o bancos para el ministro que preside y para los demás ministros deben ser tales que se sienta que ellos son claramente parte de una sola asamblea, aunque convenientemente situados para el ejercicio de sus respectivos oficios. De ninguna manera se debe menospreciar o subestimar la importancia de la función y del significado personal y simbólico del que preside en la celebración litúrgica, ya que este aspecto es esencial para toda buena celebración. La sede de tal persona debe estar en una posición presidencial, pero no debe sugerir superioridad o distanciamiento.[14]

EL ALTAR

71. El trazo y la construcción del altar o mesa santa deben ser de lo más noble y hermoso que la comunidad pueda aportar.[15] Es la mesa común de la asamblea, un símbolo del Señor, junto a la cual se sitúa el ministro que preside y sobre la que se colocan el pan y el vino, los vasos sagrados y el Misal. Es santa y sagrada, por ser para la acción y la participación litúrgica de dicha asamblea, por lo tanto, nunca se debe usar esta mesa como comodín o como lugar para colocar papeles, notas, vinajeras o cualquier otro objeto. Permanece independiente y a la que uno se pueda acercar y rodear desde cualquier lado. Es de desearse, también, que los candeleros, la cruz, las flores o cualquier otra decoración en el área no estén tan cerca del altar que constituyan un impedimento para quienes quieran acercarse a esta mesa común o moverse alrededor de ella.

72. El altar es diseñado y construido para la acción de una comunidad y para el funcionamiento de un solo sacerdote — no para los concelebrantes. La mesa sagrada, por lo tanto, no debe ser alargada, sino más bien cuadrada o ligeramente rectangular, una mesa atractiva e impresionante, digna y noble, hecha de materiales sólidos y hermosos y de proporciones rectas y simples. Pierde realce, por supuesto, su función simbólica cuando hay otros altares a la vista.

Por eso, en el recinto litúrgico solamente hay cabida para uno solo.

73. La ubicación del altar será el punto central en cualquier celebración eucarística; aunque esto no quiere decir que debe estar en el centro geométrico o en un eje central. De hecho, en muchos casos una buena solución podría ser su ubicación fuera del centro geométrico. Téngase en cuenta que el enfoque y la importancia en cualquier celebración cambian con el movimiento del rito. En la colocación y altura debe tomarse en cuenta la necesidad que todos tienen de una buena visibilidad y audibilidad.

EL AMBON

74. El ambón o atril es una especie de púlpito desde donde se hacen las lecturas o se predica (aunque la predicación se puede hacer desde la sede o en cualquier otro lugar).[16] Para estas funciones se debe reservar un ambón principal y, por lo tanto, no lo deben usar los comentaristas, directores de coro, etc. Al igual que el altar, el ambón también ha de ser bellamente diseñado, construido con materiales finos, y simple y cuidadosamente adecuado para su función. El ambón representa la dignidad y singularidad de la Palabra de Dios y de la reflexión que se hace de dicha Palabra.

75. El cantor, el director de coro, el comentarista o quienes den los anuncios pueden usar un atril para facilitar la visibilidad y audibilidad; pero éste debe ser completamente simple para no dar la impresión de que está en competencia o en conflicto con el ambón principal. Debe, también, estar colocado en forma tal que facilite la comunicación con los músicos y la congregación.

BAPTISTERIO

76. Al hablar de símbolos y de significación sacramental, se comprende que la inmersión es la acción simbólica más completa y apropiada en el bautismo.[17] Las nuevas fuentes bautismales, por lo tanto, han de construirse de modo que permitan por lo menos la inmersión de los infantes y el derramamiento de agua sobre todo el cuerpo de un niño o de un adulto. Cuando las fuentes no están construidas de esa manera, se recomienda el uso de una portátil.

77. El lugar para la fuente, ya sea que esté en un sitio cercano a la entrada principal del recinto litúrgico o en el centro de la congregación, ha de facilitar en pleno la participación comunitaria, especialmente en la Vigilia Pascual.[18] Si el recinto bautismal se encuentra en un lugar para reuniones o en el vestíbulo, la fuente puede tener agua viva y corriente; y además se le puede acondicionar para calentar el agua en caso de inmersión. Cuando se use una fuente portátil, debe colocarse ésta donde haya mayor visibilidad y audibilidad, pero sin sobrecargar el lugar o restar importancia al altar, al ambón y a la sede.

CAPILLA PARA LA RESERVA DE LA EUCARISTIA

78. La *celebración* de la eucaristía es el punto culminante de la asamblea regular de cada domingo. Por consiguiente, el espacio más amplio de un templo está designado para esta *acción*. Además de la celebración de la eucaristía, la Iglesia ha tenido una costumbre muy antigua de reservar el pan eucarístico. El fin de la reserva es la administración de la comunión a los enfermos y el hacerla objeto de devoción privada. Para que esto sea más adecuado, a esta reserva se le dedicará un espacio apto para la devoción individual. Es importante disponer de un lugar o capilla específicamente diseñada y separada del recinto principal para que no haya confusión entre la celebración eucarística y la reserva.[19] Los aspectos activos y estáticos de una misma realidad no pueden requerir la misma atención humana al mismo tiempo. Por otro lado, el que se tenga la eucaristía reservada en un lugar aparte, no significa que se le haya relegado a un lugar secundario y sin importancia; al contrario, un lugar cuidadosamente diseñado y destinado para este fin, puede ayudar a que se le dé la debida atención a la reserva sacramental.

79. Debe haber fácil acceso a este lugar viniendo del área del pórtico, del jardín o de la calle, así como del recinto principal. El carácter devocional del recinto debe crear una atmósfera de cordialidad, pero reconociendo al mismo tiempo el misterio del Señor. Debe ayudar a la meditación privada y sin distracciones. En caso de que hubiera iconografía sagrada o imágenes expuestas a la veneración, éstas no deben restar importancia al centro principal de la reserva de la eucaristía.

EL SAGRARIO

80. El sagrario, como receptáculo para la reserva de la eucaristía, debe ser sólido e inviolable, digno y convenientemente adornado.[20] Se le puede colocar dentro de un nicho en la pared, sobre un pilar o en un monumento eucarístico. No se le debe colocar sobre un altar, ya que éste es el lugar para la acción y no para la reserva de la eucaristía. En cada iglesia no habrá más de un sagrario. Asimismo se tendrá cerca de él una lámpara que esté ardiendo constantemente.

CAPILLA PARA LA RECONCILIACION

81. Se puede instalar un local o locales para la reconciliación individual cerca del área bautismal (cuando ésta se encuentra a la entrada) o en algún otro lugar conveniente.[21] El mobiliario y la decoración deben ser sencillos y austeros y ofrecer al penitente la opción de presentarse frente a frente al confesor o en forma anónima, colocándose detrás de una rejilla de separación; nada que sea obviamente superfluo debe haber allí, baste una cruz sencilla, una mesa y una biblia. El fin primordial de este local es la celebración de la liturgia de la reconciliación; no es un lugar de descanso, una sala de sesiones para impartir consejos, etc. La palabra "capilla" es, por todo esto, la más apropiada para describir este recinto.

SACRISTIA

82. La ubicación de la sacristía o local para revestirse ha de favorecer la procesión de la cruz, ciriales, leccionario y ministros, a través de la congregación y hasta el área del altar.

INSTRUMENTOS MUSICALES

83. Debido a que a menudo el coro, los instrumentalistas y el órgano funcionan conjuntamente, conviene que se les coloque a todos juntos para que el organista pueda ver, directamente o por medio de un simple espejo, a los otros cantores y la acción litúrgica.[22] A los órganos de tipo consola se les puede desprender del sistema de cañones y conectarlos por medio de conductores flexibles. Esto permite instalar consolas móviles, lo cual puede ser una

ventaja, especialmente cuando el recinto litúrgico sirve también para otras funciones. Sin embargo, los órganos de una sola pieza, en los cuales la consola y el sistema de cañones forman un solo elemento, pueden ser otra alternativa, y en este caso se les puede acondicionar de modo que todo el órgano sea móvil. Los órganos diseñados para fines litúrgicos más bien que para conciertos, no necesitan ser muy grandes; no deben ser majestuosos o sobresalir visualmente. Eso sí, han de ser musicalmente superiores, y, como en el caso de todos los artefactos, el instrumento y su cubierta deben ser genuinos, hermosos y en conformidad con el ambiente. También se debe tener en cuenta un lugar apropiado para los otros instrumentos musicales que se usan en las celebraciones litúrgicas.

6

Objetos usados en la celebración

84. Al igual que el mobiliario, todos los demás objetos que se usen en las celebraciones litúrgicas, han de ser diseñados o seleccionados en consulta con expertos, tanto en liturgia como en arte. No basta con que cada uno de ellos sea apropiado para su función, sino que también han de contribuir de una manera visual y sensorial a la belleza de la acción. Los dos principios citados anteriormente se han de aplicar a cualquier cosa que se use en la liturgia.

DUPLICADOS Y REDUCIDOS A UN MINIMO

85. Hay cierta tendencia cultural a reducir al mínimo los símbolos y gestos simbólicos y a cubrirlos con una pesada cortina de textos, palabras y comentarios. Como resultado aparecen otros dos problemas más en el uso de objetos para el culto.

86. Uno de estos problemas es la tendencia a duplicar signos y objetos, costumbre que parece haberse multiplicado en proporción a la disminución de los símbolos. (Aunque lo inverso es también cierto: la multiplicación de símbolos causa su propia disminución.) Cualquier símbolo requiere atención y captación humanas con una intensidad tal que, al parecer, una sobredosis le afectaría adversamente. Por ejemplo, la multiplicación de cruces en el recinto litúrgico o en la ornamentación de objetos podría disminuir, en lugar de aumentar, la atención hacia ese símbolo.

87. Un segundo problema muy común en el uso de objetos simbólicos es la tendencia a "cubrir" símbolos primarios, pero débiles, con otros secundarios. No es raro, por ejemplo, hacer esfuerzos extensos y costosos para enriquecer y dar vida a la celebración eucarística dominical, cuando ni siquiera se da la atención debida al pan que se usa o a la participación en el cáliz. El pan y el vino son símbolos eucarísticos fundamentales, y, sin embargo, se da frecuentemente más atención a elementos periféricos. Es importante, pues, centrarse más en los símbolos principales y dejarlos expresar por sí mismos la profundidad de su significado. Esto puede significar soluciones que sean menos eficientes y pragmáticas.

LA CRUZ

88. La cruz es un símbolo básico en cualquier celebración litúrgica cristiana. La ventaja de una cruz procesional con su respectiva base, diferente de la

que está permanentemente colgada o fija a la pared, es el poderla colocar de diferentes maneras, según lo requieran la celebración y otros factores ambientales.[23] Aunque se permite colocar la cruz sobre el altar, es preferible ponerla en algún otro lugar, no solamente en las paraliturgias, sino también en las celebraciones eucarísticas, dejando el altar solo para el pan, el vino y el Misal.

CANDELEROS Y VELAS

89. Lo mismo se puede decir acerca de los candeleros y las velas. Cuando se les coloca en el piso pueden, de vez en cuando arreglarse de diferente manera. El número puede variar según el tiempo litúrgico, la fiesta y la solemnidad de la celebración. Como la cruz, las velas deben estar a la vista pero sin impedir la visibilidad del altar, ambón, sede y acción.[24]

90. El cirio pascual y su candelabro requieren dimensiones y diseño muy especiales. Ocupan un sitio central en la asamblea durante el tiempo pascual y después, cerca de la pila bautismal.[25]

LIBROS

91. Cualquier libro que sea usado por el ministro oficiante en una celebración litúrgica debe ser de tamaño grande (que se note y que sea noble), de buen papel, de trazo consistente y hermoso en su tipografía y encuadernación.[26] El libro de los Evangelios o Leccionario, por supuesto, es central y se le debe tratar y portar de una manera especial. Los demás libros litúrgicos de la Iglesia, que contienen los ritos de nuestra tradición del culto público, son también dignos de un trato reverente y constituyen un elemento significativo en el ambiente litúrgico. Todos deben ser atractivos a la vista y solemnes. El uso de folletos y volantes disminuye la integración visual de toda la acción litúrgica. Esto se aplica no solamente a los libros que los ministros usan en el altar, en la sede o en la fuente bautismal, sino también a los que se usan para cualquier rito público o semipúblico.

92. Cuando se use un libro litúrgico en un lugar que no sea el altar o el ambón, debe sostenerlo un asistente o acólito para que las manos y el cuerpo del que lee queden libres.

VESTIDURAS

93. El uso de vestiduras rituales por parte de aquellos que tienen a su cargo el desarrollo de una acción ritual, es un símbolo propio de su oficio, así como también un componente útil y estético del rito.[27] Ese servicio es una función que requiere atención de parte de la asamblea, y que se efectúa en el área central de la acción litúrgica de la asamblea. El color, la forma de las vestiduras y su diferencia del vestido cotidiano, invitan a que se les dé la atención debida y

son parte de la vivencia ritual, esencia del carácter festivo de una celebración litúrgica.[28]

94. Cuanto más cumplan estas vestiduras con su función, ayudadas por su color, diseño y forma de corte, tanto menos necesitarán de signos, motes y símbolos que se les han venido añadiendo a través de tiempos poco propicios para ellas. La tendencia a sobreañadir símbolos, parece que trae consigo la deterioración y la disminución simbólicas ya discutidas.[29]

95. A veces, también se pueden usar de un modo apropiado ornamentos u otros objetos en el altar o ambón, especialmente para las ocasiones festivas, mas no como "frontales" o "fachadas", sino como cubiertas decorativas que respeten la integridad y totalidad del objeto particular.[30] Para escoger el material que se usa en estas ocasiones, se debe tener en cuenta la calidad del diseño, la textura y el color.

VASOS SAGRADOS

96. En una celebración eucarística, los vasos sagrados para el pan y el vino merecen especial atención y cuidado.[31] Del mismo modo que en otros tipos de celebraciones, aquellos objetos que son centrales en el rito, son el punto natural de atención. Cuando la asamblea eucarística es numerosa, es de desearse que no se coloquen sobre el altar las patenas y cálices

adicionales que se necesitan para la comunión. Esto podría solucionarse usando una bandeja grande para el pan y un cáliz grande o un jarrón para el vino hasta el momento de la fracción del pan. A la hora de la fracción, se traen al altar cuantos cálices y patenas sean necesarios. Mientras se fracciona el pan y se coloca en suficientes patenas para su distribución, los ministros del cáliz vierten el contenido del jarrón en los cálices para la comunión. El número y el estilo de tales vasos dependerá del número de personas en la comunidad para la que están destinados. El comer y el beber pertenecen a la esencia de la plenitud simbólica de este sacramento. La comunión, pues, bajo una sola especie es un ejemplo de cómo se reducen al mínimo los símbolos primarios.

97. Al igual que las patenas y cálices o jarrones, todos los demás vasos y utensilios que se destinan para la celebración litúrgica, han de ser de tal calidad y estilo que muestren la importancia de la acción ritual. Jarrones, crismales, lavamanos, vinajeras, hisopos, turíbulos, cestos para las colectas, etc.—todos ellos son expuestos de una manera u otra a la asamblea, y dicen bien o mal del acto en el que la asamblea participa.

IMAGENES

98. Las imágenes en pintura o escultura, lo mismo que los tapices, las colgaduras, los estandartes y otras

decoraciones permanentes o temporales, deben incluirse en el recinto litúrgico después de la debida consulta con un asesor en arte.[32] A semejanza del mobiliario y otros objetos que se emplean en el culto, todas estas cosas vienen a formar parte de la ambientación y, por eso, quedan sujetas a las normas referentes a la calidad y cualidad. Más aún, se debe tomar en cuenta si su cualidad está de acuerdo con el énfasis actual y renovado que se le ha dado a la acción de la asamblea. Si esas cosas en lugar de servir y ayudar a tal acción, le son adversas o compiten con ella, entonces quiere decir que son inapropiadas.

99. En cualquier período de renovación litúrgica de la Iglesia, el intento por recobrar una sólida comprensión de la Iglesia, de la fe y de los ritos, implica el rechazo de ciertos ornatos que en el transcurso de la historia han llegado a ser estorbos. En muchos aspectos de la práctica religiosa, esto significa simplificar y reenfocar los símbolos primarios. En la construcción, este esfuerzo ha resultado en interiores más austeros, con menos objetos en las paredes y en las esquinas.

DECORACIONES

100. Muchos de los nuevos o renovados recintos litúrgicos, por lo tanto, se prestan a decoraciones temporales para celebraciones particulares, fiestas y para los tiempos del año litúrgico. Los estandartes y colgaduras de varias clases son populares y adecuados a la vez, siempre y cuando se respete la naturaleza de estas formas de arte. Son creaciones de formas, colores y texturas, y no cartelones a los que se les tiene que poner palabras. Su finalidad es apelar a los sentidos y por ende crear cierta atmósfera y disposición en los que los observan, en lugar de dejar impreso en sus mentes un lema o transmitirles algún mensaje verbal.

101. Aunque el arte y la decoración del recinto litúrgico sean la expresión de la cultura local, los símbolos que identifican a culturas particulares, grupos o naciones, no son adecuados como parte permanente de la ambientación litúrgica. Ciertamente se podrían usar tales símbolos en alguna ocasión particular o fiesta, pero no pueden constituirse regularmente en una parte del ambiente en el que se tiene la oración comunitaria.

102. Las flores, las plantas y los árboles decorativos —por supuesto, genuinos— son particularmente aptos para la decoración del recinto litúrgico, ya que, por naturaleza, son siempre discretos en su mensaje y nunca son de mala calidad, mal gusto o mal hechos. La decoración nunca debe obstaculizar el acercamiento al altar o el rodearlo, como tampoco algunos de los movimientos rituales o la acción misma; sin embargo, hay lugares en la mayoría de los recintos litúrgicos, donde es apropiada y da

mayor realce. A todo el recinto se le ha de considerar como área para la decoración y no simplemente el presbiterio.

103. La decoración adecuada no necesita estar limitada al área del altar y no debe estarlo, ya que la unidad del recinto para la celebración y la participación activa de toda la asamblea son principios fundamentales. El aspecto negativo de esta atención a todo el recinto, pide que se haga una limpieza completa para remover todo aquello que sea superfluo y las cosas que ya no estén en uso o no van a usarse más. Tanto la belleza como la sencillez piden un cuidado especial para cada una de las partes del mobiliario, para cada objeto y para cada uno de los elementos decorativos, como también para todo el conjunto, del tal manera que no haya desorden o amontonamiento. El exceso ahoga a estos diversos objetos y elementos, no dejándolos respirar ni funcionar debidamente.

ELEMENTOS AUDIOVISUALES

104. Es todavía muy prematuro predecir el efecto de los actuales medios audiovisuales para la comunicación —películas, video, discos, cintas musicales—en el culto público de los cristianos. Se puede decir con seguridad que el edificio nuevo de una iglesia o el proyecto de renovación de otra deben estar acondicionados con pantallas y/o paredes que permitan que la proyección de películas, diapositivas y filminas pueda ser visible para toda la asamblea, procurándose también un buen sistema de sonorización para obtener una magnífica reproducción electrónica del sonido.[33]

105. Tal parece que hay un paralelismo entre los medios visuales para la comunicación modernos y la función tradicional de los vitrales. Es, pues, un serio error no poner atención a las posibilidades audiovisuales, ahora que la palabra fácilmente impresa ha perdido fuerza en los medios de comunicación popular. La técnica para la utilización de estos medios de comunicación sin que reduzcan la congregación a una simple audiencia con una actitud pasiva, solamente se adquiere por medio de la experiencia.

106. Por supuesto, nunca se deben usar tales medios para reemplazar la acción esencial de la congregación. Por lo menos hay dos maneras claras de cómo se les puede usar para dar mayor realce a la celebración y a la participación en ella: 1) se pueden usar medios visuales para crear la ambientación para la acción litúrgica, envolviendo el rito con el color y la forma apropiados; 2) los medios auditivos y visuales se pueden emplear como auxiliares en la comunicación del mensaje oportuno, uso que requiere gran delicadeza y una integración esmerada y equilibrada en la liturgia, a la que se le considera como un todo.

Conclusión

107. Cuando la comunidad cristiana se reúne para celebrar su fe y visión, lo hace para celebrar aquello que personalmente es más suyo, más noblemente humano y verdaderamente Iglesia. Las acciones de la asamblea dan testimonio de las obras maravillosas que Dios ha hecho; confirman una alianza tan antigua como la vida misma. ¿Puede acaso, con tal profundidad y visión de la asamblea, ser la ambientación algo menos que un medio para encontrar al Señor y hallarse uno a otro? El reto de nuestro ambiente es el reto final de Cristo: Debemos estar preparados hasta que El regrese en gloria.

NOTAS

1. 1 Juan 1
2. Entre los documentos oficiales conciliares y post-conciliares que tratan de estas preguntas están: La Constitución sobre la Sagrada Liturgia (= CSL), Capítulos 6 y 7; S. Congr. de Ritos, Instrucción para la Implementación de la Constitución sobre la Sagrada Liturgia, Capítulo 6; y la Ordenación General del Misal Romano (= OGMR), Capítulos 5 y 6.
3. CSL n. 123.
4. OGMR Proemio nn. 6–15.
5. OGMR nn. 4, 5.
6. CSL n. 123.
7. OGMR n. 254.
8. OGMR n. 253.
9. CSL n. 126; OGMR n. 258.
10. El Directorio para Misas con Niños (= DMN) funda la importancia del desarollo de gestos, posturas y acciones en la liturgia en la realidad de que la liturgia, por su naturaleza, es la actividad de la persona entera (vea n. 33).
11. Vea el Ritual de la Sagrada Comunión y del Culto a la Eucaristía fuera de la Misa (= EFM) nn. 101–108; DMN n. 34.
12. OGMR n. 273.
13. OGMR n. 274.
14. OGMR n. 271.
15. OGMR nn. 259–270; Apéndice a la Instrucción General para las diocesis de los Estados Unidos n. 263.
16. OGMR n. 272.
17. La Inciación Cristiana, Observaciones Generales (= IC) n. 22.
18. IC n. 25.
19. OGMR n. 276.
20. OGMR n. 277.
21. Rito de la Penitencia, nn. 12, 18b; *Newsletter* del Comité Episcopal sobre la Liturgia 1965–1975, p. 450.
22. OGMR nn. 274, 275; La Música en el Culto Católico n. 38.
23. OGMR nn. 84, 270; Apéndice n. 270.
24. OGMR n. 269, EFM n. 85.
25. IC n. 25.
26. *Newsletter* del Comité Episcopal sobre la Liturgia 1965–1975, p. 417.
27. OGMR nn. 297–310; Apéndice n. 305–306.
28. OGMR n. 308; Apéndice n. 308.
29. OGMR n. 306.
30. OGMR n. 268.
31. OGMR nn. 289–296.
32. CSL n. 125; OGMR n. 278.
33. Vea DMC nn. 35–36.

INDICE

Los números se refieren a los párrafos, no a las páginas.

En las siguientes páginas se encuentran fotografías que ilustran este documento. Citas en español y en inglés, tomadas del documento, acompañan las siguientes fotografías. Las fotografías comienzan en la página 37 conforme al texto inglés del documento.

Contenido

PREFACIO

Queridos amigos y amigas en el ministerio litúrgico:

El Instituto de Liturgia Hispana, continuando su compromiso de ayudar a los obispos de los Estados Unidos en la realización de la reforma litúrgica del Concilio Vaticano II, presenta la siguiente publicación, *La Ambientación y el Arte en el Culto Católico.*

Esta declaración fue publicada originalmente por la Oficina de Servicios de Publicación de la Conferencia Católica Episcopal de los Estados Unidos (U.S.C.C.) y responde a la necesidad de promover los criterios sobre el espacio y el arte litúrgicos, propuestos por su edición original en inglés, *Environment and Art in Catholic Worship.*

Publicada originalmente en 1978, esta declaración de la Comisión Episcopal de Liturgia de la Conferencia Episcopal de los EE. UU., expone que existe una relación íntima entre la oración comunitaria de la Iglesia que celebra el misterio Pascual y el lugar donde se celebra dicho evento. La distancia entre el altar y la asamblea, la prominencia del ambón y de la silla presidencial, el arte permanente que forma parte del espacio, el arte transitorio que va elaborando la creatividad de la comunidad de acuerdo con los tiempos litúrgicos, la capilla del Santísimo, el área devocional, todos estos elementos claves requieren estudio, reflexión y evaluación de acuerdo con las directrices establecidas por la reforma conciliar.

Indiscutiblemente, el Instituto de Liturgia Hispana espera que la traducción de esta declaración continúe despertando la necesidad de promover la catequesis litúrgica entre nuestras asambleas hispanas, como lo hicieron las traducciones de *La Música en el Culto Católico* y *La Música Litúrgica Hoy.*

El Instituto de Liturgia Hispana está sumamente agradecido a los verdaderos promotores de este proyecto: el Padre Emigdio Herrera y el arquitecto Armando A. Ruiz, ambos de Los Angeles, cuya traducción del documento y cuyo interés en publicarlo sirvieron de estímulo continuo a nuestra mesa ejecutiva, y el Padre Jaime Lara, de Brooklyn, cuya insistencia y tenacidad han llevado esta traducción a un feliz término.

Llamados a celebrar nuestra fe como peregrinos de la historia, nos comprometemos a llevarles a nuestras comunidades parroquiales la mejor experiencia litúrgica que les mueva a celebrar la presencia del Señor Jesús en la oración comunitaria de la Iglesia.

En Cristo y María de las Américas,

Padre Juan J. Sosa
PRESIDENTE
Instituto de Liturgia Hispana

v

Introducción

1. La fe implica una saludable tensión entre las formas humanas de la comunicación expresiva, y el mismo Dios; a quien jamás se le podrá percibir adecuadamente por medio de nuestras facultades humanas. Dios trasciende; Dios es misterio; Dios no puede ser ni comprendido ni confinado con alguna de nuestras palabras, imágenes o categorías.

2. Aunque nuestras palabras y formas de arte no puedan abarcar o confinar a Dios, pueden, como el mundo mismo, ser íconos, avenidas de acercamiento, figuras numinosas y medios de contacto con El, aunque sin captarle o comprenderle totalmente. El torrente, el fuego, la roca, el mar, la montaña, la nube, las situaciones políticas e instituciones de períodos diferentes fueron para Israel medios de entrar en comunicación con Dios; en ellos encontró ayuda para discernir su destino y avanzar hacia el reino de justicia y de paz. La misma fe bíblica nos asegura que Dios pacta con un pueblo a través de acontecimientos humanos y que interpela a dicho pueblo aliado a que dé sentido a tales acontecimientos.

3. Y posteriormente en Jesús, la Palabra de Dios se hace carne: "Esto es lo que proclamamos: lo que existía desde el principio, lo que oímos, lo que con nuestros ojos vimos, lo que contemplamos y palpamos con nuestras manos — hablamos de la palabra de vida."[1]

4. Los cristianos no han vacilado en usar cualquier género de arte humano en la celebración de la acción salvífica de Dios en Jesucristo; aunque en todo período histórico han estado influidos y a veces inhibidos por circunstancias culturales. En la resurrección del Señor, todas las cosas son renovadas. Se recuperan la integridad y la salud al quedar conquistado el reino del pecado y de la muerte. Todavía las limitaciones humanas son obvias y debemos estar conscientes de ellas. Con todo y eso, debemos alabar y dar gracias a Dios con los recursos humanos que están a nuestro alcance. A Dios no le hace falta la liturgia; pero a la gente sí, y ella tiene solamente sus propias artes y estilos de expresión para celebrar.

5. Así como la alianza misma, las celebraciones litúrgicas de la comunidad de fe (Iglesia) incluyen a la persona en su totalidad. No son ejercicios puramente religiosos, simplemente racionales o intelectuales,

sino también vivencias en las que entran en juego todas las facultades humanas: cuerpo, mente, sentidos, imaginación, emociones, memoria. Por lo tanto, el dar atención a estos aspectos constituye una de las necesidades más urgentes de la renovación litúrgica contemporánea.

6. Históricamente, la música ha disfrutado de una especial preeminencia entre las artes del culto público, y por eso, no hay razón valedera que justifique el negársele, hoy en día, el mismo derecho. El Comité Episcopal para la Liturgia, por lo tanto, publicó directrices (La Música en el Culto Católico, 1972) para estimular la debida atención a la música, ya sea instrumental o coral/vocal. Este folleto: "La Ambientación y el Arte en el Culto Católico," compañero del referido anteriormente, ofrece, por su parte, directrices para promover otras artes necesarias para una vivencia plena en el culto público. Por lo tanto, puesto que se complementan el uno al otro, los dos folletos han de usarse conjuntamente por aquellas personas que se encargan de planear y dirigir las celebraciones litúrgicas. Por tal razón, la música se excluye de los aspectos específicos a tratar en las siguientes páginas.

7. Si sostenemos que ninguna palabra ni forma de arte humanas pueden contener o agotar el misterio del amor de Dios, sino que todas las palabras y formas de arte se pueden emplear para alabar a Dios en medio de la asamblea litúrgica, entonces buscamos el criterio para juzgar la música, la arquitectura y las otras artes en relación con el culto público.[2]

8. La razón por la que se ofrecen normas que orienten y no pautas a seguir, está claramente enunciada por los Padres Conciliares: "La Iglesia nunca consideró como propio ningún estilo artístico, sino que, acomodándose al carácter y a las condiciones de los pueblos y a las necesidades de los diversos ritos, aceptó las formas de cada tiempo, creando en el curso de los siglos un tesoro artístico digno de ser conservado cuidadosamente. También el arte de nuestro tiempo, proveniente de todas las razas y regiones, ha de ejercerse libremente en la Iglesia, con tal que sirva a los edificios y ritos sagrados con el debido honor y reverencia; para que pueda juntar su voz a aquel admirable coro de alabanza. . ."[3]

I

El culto a dios y sus requisitos

LITURGIA Y TRADICION

9. La liturgia tiene un lugar especial y único en la vida de los cristianos en las iglesias locales, sus comunidades de fe. Cada iglesia se reúne con regularidad para alabar y dar gracias a Dios, para recordar y actualizar sus obras maravillosas, para orar en comunidad, para realizar y celebrar el reino de paz y justicia. A tal acción de la asamblea cristiana se le da el nombre de liturgia.

10. Las tradiciones comunes que nacen, se desarrollan y se realizan en el seno de cada comunidad, hacen de la liturgia una vivencia de la Iglesia, la cual es local y universal a la vez. El origen, así como la estructura de sus celebraciones litúrgicas son bíblicas y eclesiales asegurando una comunión con los creyentes de todos los tiempos y lugares. Esta tradición provee el lenguaje simbólico de tal acción, así como las estructuras y modelos perfeccionados a través de centurias de experiencia y da nueva vida a los valores antiguos, en nuestro tiempo y lugar, con nuestros nuevos conocimientos, talentos, competencias y artes. Por consiguiente, esta celebración es la de una comunidad en un tiempo y lugar dados, celebrada con lo mejor de sus recursos, talentos y artes según nuestra propia tradición.[4]

UN CLIMA HOSPITALARIO

11. La liturgia, al igual que la oración común y la experiencia eclesial, florece en un clima hospitalario: una situación en la que los fieles se sienten a gusto, ya sea porque se conozcan o porque se presenten unos a otros; un recinto en el cual se les pueda sentar juntos, pero con facilidad para moverse y para establecer contacto visual entre sí y con los puntos centrales del rito; un recinto en el que actúen como participantes y *no* como simples espectadores.[5]

LA EXPERIENCIA DEL MISTERIO

12. La experiencia del misterio, que la liturgia nos ofrece, se encuentra en su mismo carácter teocéntrico, ya que nos hace conscientes de Dios. Esto implica cierta tensión benéfica hacia las exigencias de un clima hospitalario, las cuales requieren de una orientación y ambientación que propicien la contemplación (trascender el aspecto visible de una cosa o persona, ese sentido de lo sagrado, de lo numinoso,

del misterio). Simple pero atractiva, la belleza en cualquier cosa que se use o se haga en la liturgia, es una invitación muy eficaz a esta clase de experiencia. Por supuesto, uno debe estar capacitado para sentir algo especial (y nada trivial) en todo lo que se ve y escucha, se toca o se aprecia con el gusto y el olfato en la liturgia.

13. La encarnación, el misterio pascual y el Espíritu Santo en nosotros son para la fe el acceso a lo trascendente, a lo sagrado y a lo completamente otro de Dios. Por lo tanto, una acción como la liturgia, tiene una importancia especial como medio para relacionarse con Dios o para responder a la relación que El establece con nosotros. Con esto no se quiere decir que hayamos "capturado" a Dios con nuestros símbolos. Simple y sencillamente significa que Dios nos ha amado gratuitamente de acuerdo con nuestra manera de ser, de una forma que corresponde a nuestra condición. Por eso, nuestra respuesta debe ser profunda y total, auténtica y genuina, y además poniendo en ella un esmero especial en todo cuanto usamos y hacemos en la celebración litúrgica.

LA INTERPRETACION DE SIMBOLOS

14. Cada palabra, gesto, movimiento, objeto y oficio debe ser auténtico. Por eso, cada una de estas acciones debe proceder del entendimiento profundo que tengamos de nosotros. (Ni descuidadas, falsas o fingidas, ni pretenciosas o exageradas, etc.) Históricamente, la liturgia ha padecido una especie de minimalismo y una preocupación exagerada por la eficiencia, en parte, porque se ha dado mayor énfasis al aspecto causa y efecto del sacramento a expensas de su significación sacramental. Al tender a reducirse y petrificarse, nuestros símbolos llegaron a ser más administrables y eficientes. Todavía "causaban", todavía eran "eficaces"; aunque con frecuencia ya habían perdido la plenitud y la riqueza de lo que significaban.

15. La renovación se empeña, por lo tanto, en buscar una interpretación de nuestros símbolos, especialmente de aquellos que son fundamentales, tales como los del pan y el vino, el agua, el aceite, la imposición de manos, hasta que podamos tener una experiencia auténtica de ellos y apreciemos su valor simbólico.

UNA VIVENCIA DE TIPO PERSONAL-COMUNITARIO

16. Una cultura como la nuestra, que está orientada a la eficiencia y a la producción, nos ha hecho insensibles a la función simbólica de las personas y de las cosas. También, el mismo énfasis cultural sobre el individualismo y la competencia nos ha hecho

más difícil apreciar la liturgia como una vivencia de tipo *personal-comunitario*. Como consecuencia, tenemos la tendencia a identificar cualquier cosa privada e individual como algo "personal". Pero, por inferencia, se considera cualquier cosa de tipo social y comunitario como si fuera algo impersonal. Debe cambiarse, por lo tanto, este concepto erróneo si se quiere tener buena liturgia.

17. Para identificar la liturgia como una importante vivencia religiosa de tipo *personal-comunitario*, se ha de procurar la virtud de la sencillez y el sentido comunitario en los textos litúrgicos, gestos, música, etc. Se dice fácilmente esto, pero su realización requiere un esfuerzo constante por respetar el pensamiento de la Iglesia con respecto a la sencillez y sentimientos que le son comunes, por ejemplo, no ahogando la acción con un torrente de palabras o evitando hacerla más compleja de lo necesario, cuando se manifiestan los elementos esenciales del Evangelio.

LO SACRO

18. Un aspecto importante de la renovación actual de la Iglesia es la conciencia del reconocimiento de lo sagrado por parte de la comunidad. La ambientación y el arte han de fomentar esta conciencia. Debido a que los diferentes grupos culturales y subculturales en nuestra sociedad pueden tener estilos propios de expresión artística, no se pueden exigir estructuras sacras de tipo universal.[6]

CALIDAD Y CUALIDAD

19. Esto no quiere decir que la liturgia no establezca normas para la arquitectura, música y otras artes. La liturgia, para ser fiel a sí misma y proteger su propia identidad, debe tener ciertas normas. Dichas normas se reducen básicamente a dos: *calidad* y *cualidad*. Sin importar el estilo o tipo, no hay arte que tenga derecho alguno a tener cabida en la celebración litúrgica, si no posee alta calidad o si no es apto para ella.[7]

20. La *calidad* se percibe únicamente por medio de la contemplación, apartándose de las cosas y esforzándose para realmente *verlas*, tratando de permitirles que hablen por sí mismas a quien las contempla. Ciertas costumbres culturales han condicionado a la persona de hoy en día a considerar las cosas desde un punto de vista más pragmático: "¿Cuánto valen?", "¿Para qué sirven?" Por medio de la contemplación uno puede ver, en cambio, el distintivo de la mano del artista, la honestidad y el cuidado que entraron en juego al fabricar un objeto, la forma agradable, el color y la textura del mismo. Calidad, pues, significa el amor y el cuidado que se ponen en

la fabricación de alguna cosa, la honestidad y la integridad en la elección de los materiales, y, por supuesto, el talento especial e indispensable del artista para lograr un conjunto armonioso, un trabajo bien realizado. Todo esto es valedero para la música, arquitectura, escultura, pintura, alfarería, construcción de mobiliario; así como también para la danza, mímica o drama —en pocas palabras, es valedero para cualquier forma de arte que se vaya a emplear en el ambiente litúrgico o en la acción misma.

21. La *cualidad* es otro de los requisitos que la liturgia, con todo derecho, pide a cualquier forma de arte que esté al servicio de su acción. Hay dos maneras de saber si la obra de arte es adecuada: 1) tiene que ser capaz de soportar el peso del misterio mismo, el temor reverencial, la reverencia y el asombro que expresa la acción litúrgica; 2) tiene que *servir* (no interrumpir) claramente a la acción ritual, la cual tiene su propia estructura, ritmo y cadencia.

22. El primer punto descarta cualquier cosa trivial e incoherente, cualquier cosa falsa, vulgar o de baja calidad; en fin, todo lo que sea pretencioso o superficial. Esta clase de cualidad está obviamente relacionada con la calidad; aunque implica algo más que simple calidad. Exige una especie de transparencia; de tal manera que podamos, simultáneamente, ver y percibir la obra de arte en sí y ese algo que va más allá de ella.

23. El segundo punto (servir) se refiere a la vez al ambiente físico del culto público y a cualesquiera formas de arte que se puedan emplear como parte de la acción litúrgica (v.g. movimientos rituales, gestos, audio-visuales, etc.)

LA AMBIENTACION COMO SERVICIO

24. Por ambientación entendemos el lugar más amplio donde se realiza la acción sagrada de la asamblea. En general, es la disposición del edificio en el vecindario, incluyendo los lugares exteriores. Más específicamente, es la condición de un lugar en particular y la manera cómo influye en la acción sagrada de una asamblea. Hay, pues, en la ambientación elementos que contribuyen a vivir una experiencia cabal, v.g., la disposición de lugares para sentarse, la colocación de centros litúrgicos destinados a la acción sagrada, decoraciones temporales, alumbrado, acústica, amplitud en el lugar, etc. La ambientación es adecuada cuando es hermosa, acogedora y cuando claramente cautiva a una asamblea de personas de quienes necesita para quedar completa. Más aún, es adecuada cuando logra que la gente se sienta unida al ver y escuchar toda la acción litúrgica, cuando ayuda a que la gente sienta que está participando y que realmente llegue a participar.

EL ARTE AL SERVICIO DE LA LITURGIA

25. Si se emplea en la liturgia alguna forma de arte, ésta debe ayudar y servir a la acción litúrgica, ya que la liturgia tiene su propia estructura, ritmo y cadencia: una reunión, que crece en intensidad, que llega a un clímax y pasa a un descenso que desemboca en la despedida. Alterna las personas con los grupos de personas, el sonido con el silencio, la charla con el cántico, el movimiento con la inmovilidad, la proclamación con la reflexión, la palabra con la acción. Ninguna forma de arte debe jamás dar la impresión de sustituir o detener el curso de la liturgia. Si al proyectar una película, por ejemplo, parece que se dijera: "Interrumpiremos la liturgia por unos momentos para que puedan tener una experiencia de esta forma de arte", ese medio sería inadecuado. Si, por el contrario, se usa una forma de arte para resaltar, favorecer e iluminar una o varias partes de la acción litúrgica e incluso toda la acción sagrada, entonces se puede decir que tal forma de arte no solamente es adecuada, sino también provechosa.

26. Es necesario un mayor y constante esfuerzo educativo entre los creyentes para restaurar en todas las artes el respeto al talento y a la maestría; y, un deseo por el mejor uso de tales cualidades en el culto público. Esto significa que hay que atraer de nuevo al servicio de la Iglesia a profesionales cuyos lugares han sido tomados, desde hace mucho tiempo, por productores "comercializados" o por voluntarios que carecen de las cualificaciones apropiadas. Tanto la sensibilidad a las artes como la disposición a invertir en recursos para ellas, son las condiciones de desarrollo para que la calidad y cualidad puedan ser una realidad.

2

La iglesia: sujeto de la acción litúrgica

27. Para hablar de las normas ambientales y artísticas en el culto católico, debemos comenzar con nosotros mismos — nosotros, que somos la Iglesia, los bautizados, los iniciados.

LA ASAMBLEA DE LOS CREYENTES

28. Entre los símbolos que la liturgia trata, ninguno es más importante que esta asamblea de creyentes. Comúnmente se usa el nombre de iglesia al hablar del edificio en donde dichas personas se reúnen para rendir culto; pero el uso de este término puede prestarse a confusiones. En el decir de los primeros cristianos, el edificio que se utilizaba para el culto tenía el nombre de *domus ecclesiae*, la casa de la Iglesia.

LA ACCION DE LA ASAMBLEA

29. La vivencia más intensa de lo sagrado se halla en la celebración misma y en las personas que participan en ella, es decir, en la acción de la asamblea: palabras que dan vida, gestos que indican vida, sacrificio vivo, alimento de vida. Estos elementos estaban en el corazón de las liturgias más antiguas, cuya evidencia se encuentra en los mismos planos arquitectónicos de los recintos que fueron diseñados para reuniones generales, espacios que permitían la participación activa de toda la asamblea.

30. Debido a que la celebración litúrgica es la acción cultural de toda la Iglesia, es deseable que las personas, que representan en la congregación la diversidad de edades, sexos, grupos étnicos y culturales, participen activamente en el planeamiento y ministerio de los actos litúrgicos para la comunidad. Se habrá de buscar, respetar y utilizar para las celebraciones gente con talento para la música, la lectura en público y cualesquiera oficios o artes que se relacionen con el culto público. En la liturgia, sin embargo, los que la preparan y los ministros no son los que únicamente están activos. Es la congregación en su totalidad el componente activo. En la celebración litúrgica, pues, no hay ni audiencia, ni elementos pasivos. Este hecho por sí solo la distingue de cualquier otra asamblea pública.

31. La celebración de la asamblea, esto es, la celebración realizada en el seno de la comunidad de fe y por toda la comunidad, es el modo normal

y normativo para la celebración de cualquier sacramento o acto litúrgico. Aun cuando la dimensión comunitaria no sea patente, como en el caso de la comunión para los enfermos o para los prisioneros, el clérigo o ministro funciona dentro del contexto de toda la comunidad.

32. La acción de la asamblea es tambien algo único, ya que no es simplemente una "celebración de la vida", en la que se reflejan todas las características inherentes al color, sexo, clase, etc. La liturgia, por el contrario, requiere que la comunidad de fe ponga a un lado todas esas distinciones, divisiones y clasificaciones. Al hacer esto, la liturgia celebra el reino de Dios, y así mantiene cierta tensión entre lo que es (el status quo de nuestro diario vivir) y lo que debe ser (la voluntad de Dios para la salvación de la humanidad — la liberación y la solidaridad). Este hecho único da a la liturgia el lugar central y clave en la vida cristiana cuando se le contempla desde la perspectiva de una comunidad actual. Así como la liturgia establece sus propias exigencias con relación al ambiente y a las artes, así también la asamblea hace lo propio. Cuando la asamblea se congrega en toda la variedad de sus componentes, se requiere que haya un común denominador, que nazca de nuestra propia condición humana. Aquí la comunidad busca lo mejor que la gente pueda aportar en contraste con todo aquello que sea comprometedor o poco digno.

La asamblea pretende, por lo tanto, su propia expresión en un ambiente de belleza y entre acciones que tocan toda experiencia humana. Esto es de lo más básico y más noble. Es lo que la asamblea busca para expresar el corazón mismo de la liturgia de la Iglesia.

CONTEMPORANEA

33. Los estilos actuales del arte, como sin duda también los de tiempos pretéritos, pertenecen a las expresiones litúrgicas de la asamblea. Estas últimas forman parte de nuestro patrimonio común, nuestra comunión (lo cual trasciende el tiempo y los límites geográficos). El arte actual, esto es, las obras de artistas de nuestro tiempo y lugar, es algo muy nuestro, y pertenece a nuestras celebraciones tanto como nosotros mismos. Si la liturgia fuera solamente a incluir el arte antiguo como lo único aceptable, entonces la conversión, el compromiso y la tradición ya habrían dejado de existir. La asamblea, por lo tanto, debe estar igualmente dispuesta a buscar, patrocinar y usar las artes y los medios de comunicación de ayer y de hoy. Porque es comunicación simbólica, la liturgia depende de tradiciones pretéritas más que muchas otras actividades humanas. Porque es la acción de una asamblea actual, ha de impregnar sus estructuras básicamente tradicionales con la vitalidad de nuestros tiempos y de nuestras artes.